十　　年

（三）

徐小明　著

地震出版社
Seismological Press

图书在版编目(CIP)数据

十年. 3 / 徐小明著. —北京：地震出版社，2019. 10
ISBN 978-7-5028-5044-9

Ⅰ. ①十…　Ⅱ. ①徐…　Ⅲ. ①股票投资-基本知识
Ⅳ. ①F830. 91

中国版本图书馆 CIP 数据核字(2019)第 036852 号

地震版　XM4360

十年(三)
徐小明　著
责任编辑：吴桂洪　王凡娥
责任校对：凌　樱

出版发行：地 震 出 版 社
北京市海淀区民族大学南路 9 号　　邮编：100081
发行部：68423031　68467993　　传真：88421706
门市部：68467991　　传真：68467991
总编室：68462709　68423029　　传真：68455221
证券图书事业部：68426052　68470332
http：//seismologicalpress. com
E-mail：zqbj68426052@ 163. com
经销：全国各地新华书店
印刷：廊坊市华北石油华星印务有限公司

版(印)次：2019 年 10 月第一版　2019 年 10 月第一次印刷
开本：787×1092　1/16
字数：204 千字
印张：17. 5
书号：ISBN 978-7-5028-5044-9/F(5760)
定价：50. 00 元

序

致《十年》的读者朋友

这是本书全部完成之后写的序言，起初我只是有个简单的想法，因为我知道自己曾经写过很多有深度思想的文章，有些文章大家看过有些没有看过，时间把它们淹没了。

人类文明流传至今，唯艺术、科学、宗教源远流长。它们分别代表了现象、数学和哲学，我在之前一共写了两本书，分别是《盘口》和《数字化定量分析》。这两本书一个代表现象，一个代表数学。我一直希望自己将来能写一本关于交易领域哲学的书，但哲学太大了，我不敢奢谈哲学。

本书是关于交易思想的，之所以在本书全部完成之后才写序言，是因为我自己也想对本书有一个相对客观的评价。

前两本书当年在证券类的销量都是全国冠军，但《盘口》这本书的销量是远大于《数字化定量分析》的，我知道方法类的书在这个领域是最受欢迎的。而关于思想类的书在整个市场里也很少见，所以本书并不是为了追求销量而写。这让我想起来关于自由的一个评论：自由，不是你想做什么就做什么，而是你想不做什么就不做什么。本书不为出名也不为销量，而是写给真正懂得它的价值的人的。

交易是一个过程，很多人对这句话不是很理解，但我深知这句话的份量。虽然我也常提示大家不要用吃快餐的方式来看我写的内容，交易是一个过程，前后是有联系的。如果你连续地看我写的文章，你应该可以体会到我在说些什么。

本书用时间的维度，将当时的行情以及关于对行情的思考，逻辑推理过程，采用哪种交易方法，操作前、操作中和操作后的应对，记录了十年的行情起伏和应对过程。这些比单讲某个方法更全面，比单讲某个案例更真实，因为这就是我面对中国股市这十年的切实经历。它被时间记录了下来，当时间把它淹没了的时候，也给了它时间的沉淀。

如今我透过时间的沉淀，把其中精华的部分再次提取出来，并将这些文章里我认为应该进行深入思考的内容用加重的字体标注成重点，并在每一篇文章之后都加了作者点评：有的是我当初思考的方式，有的是为什么这么写的原因，有的是其后的市场表现，还有一些是由此引发的其他思考。

如果是文章原来就有的图，我就用原配图。为了准确表达当时的意图让读者更好理解，后期我又做了一些配图，但标注了这是后配图。所以，即便是一直看我写文章的铁杆粉丝，当你重读这些文章的时候，也会感觉有很大的不同。你会更深入地理解，交易是一个过程这句话；你会更深入地理解，为什么交易分为了三个层次：现象、数学和哲学；你会更深入地理解……

十年里这个世界的变化很大，从博客到微博，再到微信公众号；从电脑时代到手机时代。我很高兴在这变化的十年里，有些是自己始终坚持不变的，我也很高兴这十年自己十分清楚在坚持着什么。岁月也许在我的脸上留下了痕迹，但十年过后却让我对坚持的方向更加坚定。在十年里我曾经多次公开说过："我要坚强不被任何事情所打扰，我要十年磨一剑。"到十年后的今天，我认为自己做到了。

十年前的我，也许会给本书起名字叫《十年一剑》，但经过了十年的时间，我更喜欢的是重剑无锋，所以本书的名字叫做《十年》。

徐小明

2019年5月于北京

目　　录

2015 年

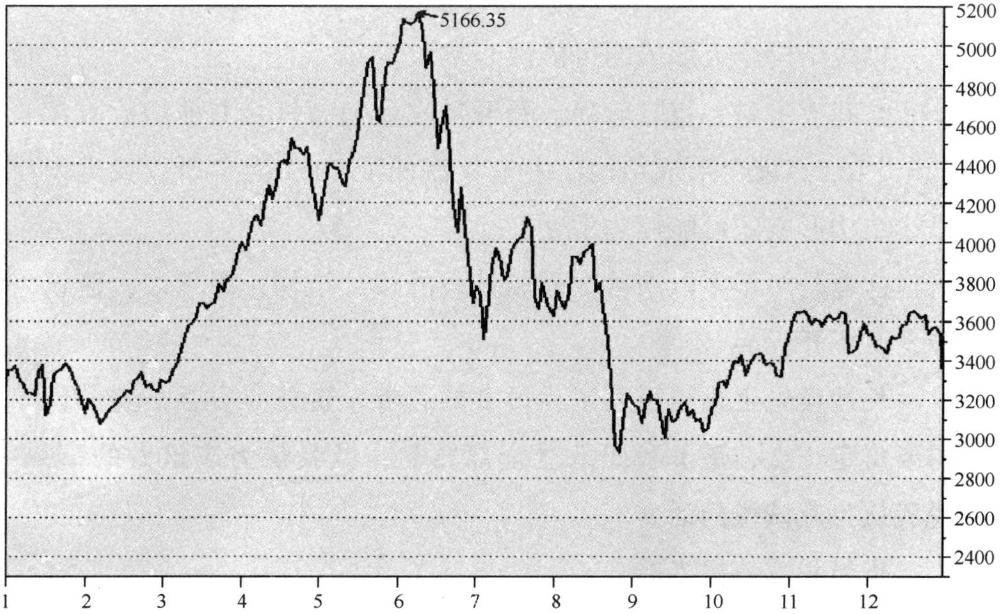

2015 上证指数收盘价

2015 年

2015年06月15日 11:29

建议减仓，不开玩笑

日线结构今天形成的可能性非常大。

空间上午我一直盯着呢，看下午收盘吧，只要上证指数收盘低于5163点就会形成结构。中午收盘低了80个点，所以我觉得日线结构形成的可能性非常大。

这将是两年多以来首次形成日线的顶部结构，**级别大，建议减仓，不开玩笑**。

长沙侯先生跳楼引发了我很多的思考。责任心要强一点，说得要肯定一点，错了我愿承受全部骂名，做我认为应该做的事，说我认为应该说的话。

担当我应该担当的。

作者点评

这是股灾正式开始的6月15日中午我的博文，发表于6月15日上午11:29，文章简短而直接。

长沙侯先生跳楼，在网络里说是用了4倍杠杆重仓一股，导致爆仓后轻生，再后来被央视证明是假新闻，跳楼跟股市无关。但这个假新闻，对我触动挺大，我几乎看到了即将到来的杠杆踩踏，会导致大量的投资者爆仓，在当时我预料到了那一刻。

油然而生的责任感，让我说得要肯定和坚决一些，我特别提示了，不开玩笑。虽然我深知救不了所有的投资者，但我能救相信我的人。

6 月 15 日正式开始了股灾，我真的救了很多人、很多个家庭。

这是我一生引以为傲的。

后配图(2015061501)

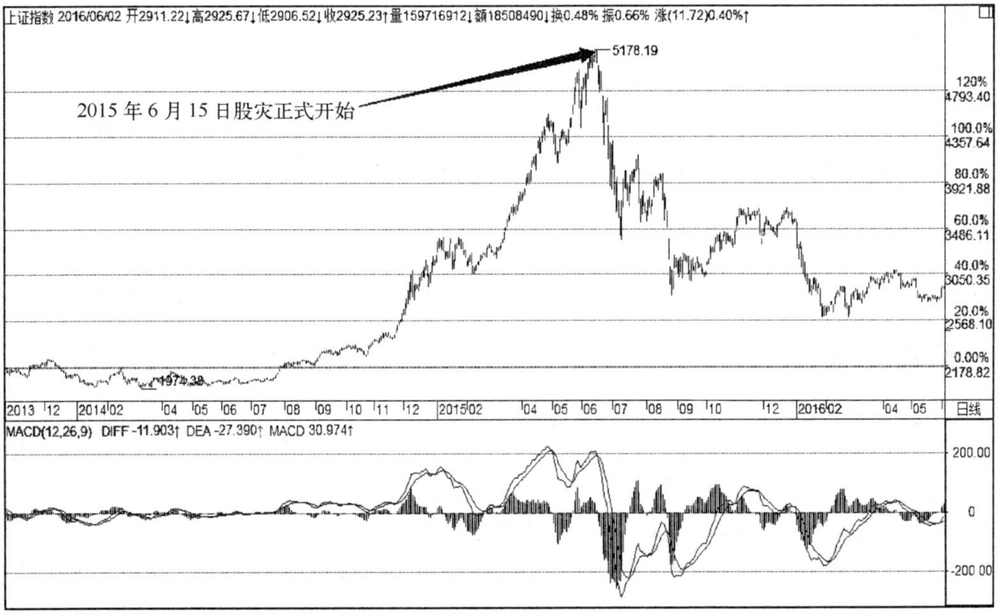

2015年06月18日

信用交易的危机一定会爆发

本次的独特性，虽然都是调整之后的阳线，但本次下跌的特征是有一定的独特性的。

日线结构会引发一个比较大的调整，结构形成和结构消失是不同的，如果消失，基本上20个交易日之内不会再有结构；一旦形成了，这之间的上涨，就不敢妄下结论为反转。

调整通常是一个过程，我们只是知道有调整，但对调整的时间、速度、空间、级别，一无所知。对于资金属性的理解，我认为**中后期的下跌会比早期更快**。原因也很简单，那就是只有在后期信用交易的危机才会爆发。

信用交易的危机一定会爆发，这是对不合常理的滥用杠杆的必然结果。但目前为止我仍不确定是哪一波，如果不确定你怎么办？那就是别忽视任何一次可能的高点。

作者点评

我之前对于信用交易杠杆滥用导致的资金推动型的行情风险已经多次表述，我再次提示了信用交易的危机一定会爆发，我曾经公开演讲说过这会是断崖式下跌，并且在后面的应对里，写了一个巨大的“无”字。我当时就解释过，这个“无”字的意思是：

不可避免，无可应对。

融资的杠杆是 1 到 3 倍，伞形信托的杠杆是 1 到 5 倍，民间配资的杠杆是 1 到 10 倍。行情跌了，最高点买入的民间配资的会爆仓，民间配资的爆仓了，会导致民间配资的强行平仓；民间配资的强行平仓又会导致行情的进一步下跌，行情的进一步下跌会导致买的位置稍低的民间配资和高点买入的伞形信托爆仓，这个爆仓的资金会加倍，爆仓的资金加倍导致的强行平仓，会导致进一步的更大证券公司的融资爆仓。

这就是中后期的下跌会比早期更快的逻辑，我写这篇文章是为了提示大家后面可能有更大的跌幅。

后配图（2015061801）

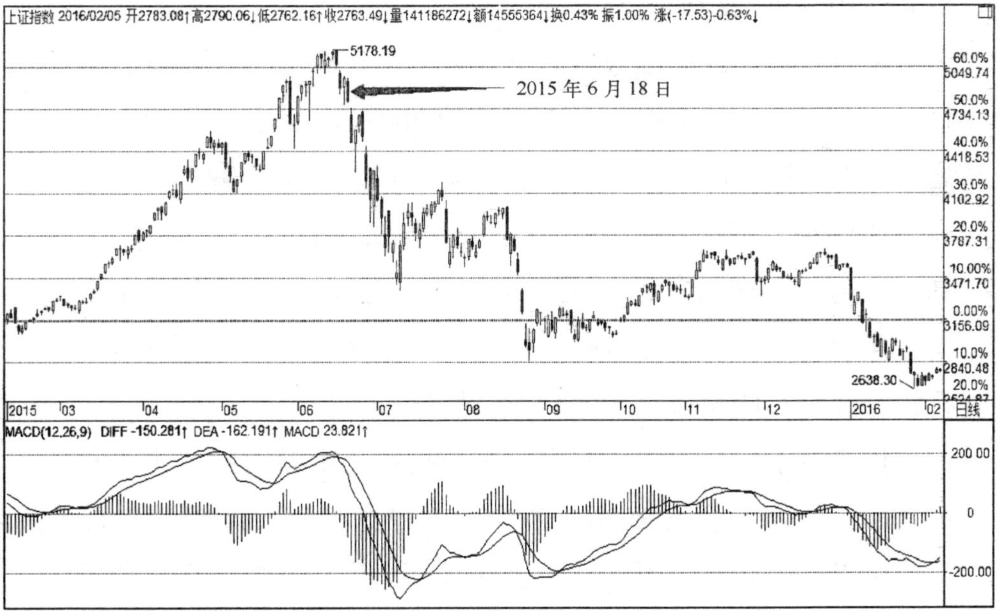

2015 年 06 月 22 日

还是要减

今天先说两个最近热点的事件，再谈一下对大盘的判断。

第一则消息是，关于《上市公司股东和高管正集体逃离 A 股》，文章指出，来自 Wind 资讯的数据，从年初至 6 月 17 日，已有 1234 家上市公司发布了重要股东或高管减持公告，减持股数 350.31 亿股，累计减持市值约 4771.5 亿元。分月份来看，2015 年 1 月至 6 月（截至 6 月 17 日），每月减持金额分别为 440.66 亿元、377.33 亿元、647.15 亿元、797.46 亿元、1507.5 亿元、1046.77 亿元。

经过对数据的详细分析，上半年股东和高管一共减持了 4770 亿元，我担心后面可能更严重，因为 2007 年大盘 6124 形成高点之后，有一段时间也同样出现了大股东和高管集中减持，高位套现。如果 6124 点为最高点，这是分左侧交易和右侧交易的。5 月和 6 月达到了减持的最高峰，但目前的这波高点还多是左侧减持，还没有经历右侧减持呢，它们的真正区别是，左侧减持导致行情滞涨，右侧减持，导致行情“杀跌”。

投资者手中的筹码，跟大股东和高管手中筹码的成本不具备可比性，他们不会在意跌了多少，更在意错过了高位减持的机会。所以，当我看到了刘姝威女士关于《严格控制上市公司实际控制人减持套现》一文，我是非常认同的。

市场对大股东和高管减持，缺乏制衡机制，无法避免或消除大股东利用内部人信息优势及投票权优势，操纵公司成本或资产重组或利润分配方案，道德的约束力有限，如果道德管用，要法律干嘛？不排除有操纵股价及内幕交易的嫌疑。对此，监管层应高度关注，严查违法、重惩犯罪。否则，这风气一旦形成，涨多了就减，跌深了就买回来，不明真相的还在鼓掌欢迎公司回购股票，其实人家在自己做庄呢，那么 A 股将只有牛股，没有牛市。

第二则消息是证监会披露，长沙侯先生融资炒股爆仓跳楼为虚假信息，表示严惩造谣者。对这件事我同样认为应该这样做。人的行为是有模仿性的，希望媒体或自媒体不要再报道或转发类似的新闻，即便将来真的有发生，也尽量不要报道或转发，切记人的行为是有模仿性的，当突发事件发生的时候，他们第一想到的是别人如何面对。

投资嘛，总是有赚有赔，除非有一天你彻底离开这个市场，否则都没有绝对的输赢。我在资本市场上也遭遇过损失，现在算是苦尽甘来，我在低迷的时候常说，“今天你承受的所有的痛苦，都将成为未来幸福的原由”，随着时间点的不同，你对市场的理解是不一样的。

虽然**我并不认为一些专家说的信用交易的风险是可控的，原因很简单，这是我国金融有历史以来首次出现这么大规模的信用交易，还有为之产生的杠杆牛市。既然是首次，代表过去没有发生过，你都没经历过，凭什么说是可控的？**

我要说的是，尽管上周跌得这么凶猛，但信用交易的风险还没有到来，**信用交易风险是分层或者说是分阶段的，我认为会先是场外配资，之后是伞形信托，再之后是场内融资。融资和融券**

的比例竟然是 99.51% **比** 0.49%**，即** 200∶1。那就意味着，一旦信用交易产生强行平仓盘，那么它们的方向，将是一致性的行为。一致性的行为，必须高度预防“引发”群体性的**交易踩踏**，怎么预防呢？我建议：

于管理层面，我们**应该做好准备防范于未然，我曾经提出过建立国家级的战略基金**，不出大规模的群体行为不必理会，尊重市场，不干预市场。而出现可能会引发危机的关键时刻直接入场参与，呼吁和救市政策万一没用，直接入场干预（买入）。1998年亚洲金融危机，香港一役就是直接参与，用市场的方式调控市场，才是真正的市场调控。**先救命，再研究怎么治病**。

于个人投资者，还是要尽可能地降低杠杆，并保证平和的心态，大周期还是走牛的，这次错误主要在于杠杆没有进行第一时间的控制，后来想控制已经规模很大了。用杠杆的没有经历过杠杆的风险，只有经历信用交易的风险爆发一次，信用交易反而会成熟起来。市场未来还是会走牛的，这个大家无须过分担心，周期使然。

于媒体，老太太2万炒到60万，按摩师傅10万变成100万，这类的文章媒体尽量别报了；跳楼的、极端的，也尽量不要报。市场是什么？让投资者自己去理解，去体会。

谈谈大盘：我在6月15日大盘最高点的时候，中午博客文章写到：这将是两年多以来首次形成日线的顶部结构，级别大，建议减仓，不开玩笑。长沙侯先生的跳楼引发了我很多思考（后被证实是假消息），我提醒自己责任心要强一点，说得要肯定一点，错了我愿承受全部骂名，做我认为应该做的事，说我认为应该说的话，担当我应该担当的。

我有一段时间是在写“宿命论”的，因为绝大多数人面对行情的时候是用眼睛去看行情，而不是用头脑去思考，为什么几块钱的股票没人买，而涨到几十块的时候却被疯抢？很多人入市是因为看到了身边的人都赚钱了，股市就像你只要进去就能赚钱的盛会。这些人，逃不掉最终的命运，我称之为“宿命论”，我在学员区里详细解释过宿命论，当时还说了，互联网使得“人性变恶”，网上没有一个名人是不被骂的，那些骂人的其实在现实生活中没有那么恶。

最终，很多人为了不被骂，选择了保护自己，像我们这些做市场分析的也是这样，迷失了自我，写作不像之前那么简单和纯粹，我曾经有一段时间就是宿命论的，认为大多数人逃不掉的，这是他们的宿命，我只是在学员区反复叮嘱，因为我觉得对学员有责任。

长沙那个假的跳楼事件，让我沉思过很久，真的沉思很久。我们的影响力越大，我们的责任就应该越大。别怕被骂，别怕出错。日线的顶部结构，一年平均都没有一次，这次日线顶部结构这么清晰，而且日线明显降速了，责任心要强一点，说得要肯定一点，如果能帮到一些人打破宿命，挽救很多家庭，那是功德无量的。如果判断错了，我愿意承受全部骂名，只是我因此必须担当的，至少自己内心是很踏实的。

这辈子，就是别有什么事将来后悔没有去做。

结构：大盘没有止跌迹象，分时线没有任何的底部结构，本来大盘带一个 30 分钟的底部钝化，但上周五直接钝化消失了，要再次行成分时线钝化，至少需要几天的时间。

浪形：分时线呈现了两波主跌结构，而且 3 浪的下跌比 1 浪的下跌更猛，级别更大，通常在浪形上，这里不只是3浪的下跌结构，至少5浪，还要看速度，5浪速度如果比3浪速度更快，后面可能还有下跌。跟上升一样，关键是降速。

时间：这个下跌阶段会持续到本周的周五附近(初步判定，判断依据复杂，周三报告会里详细说明)，也就是说本周的大部分时间还是下跌的。但希望到周五附近，下跌速度降下来，形成第一个阶段下跌的结束。

空间：空间级别，嗯，级别上会弱于上周，我只能说会弱于上周。

结论：已经跑掉的，不要抄底。没跑的，高杠杆的、重仓的，上半周建议减仓，下半周建议等反弹减仓，哎，还是要减。

后配图(2015062201)

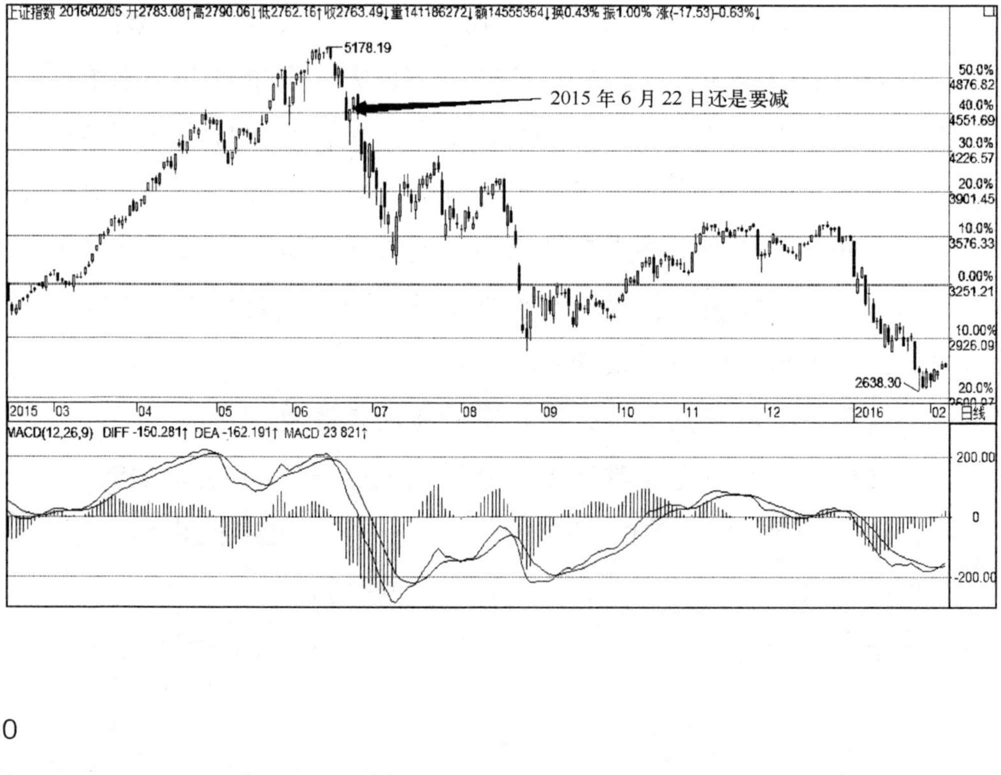

作者点评

本文说了几个思想：

1. 投资没有绝对的输赢，除非你有一天彻底离开这个市场，在这之前你的盈利或亏损都是暂时的。如果能理解这句话，对盈亏会看得淡一些。

2. 某专家说信用交易是可控的。这种话是不负责任的，历史上没出现过，你都没见过，你凭什么说是可控的？

3. 信用交易风险是分层或者说是分阶段的，我认为会先是场外配资，之后是伞形信托，再之后是场内融资。融资和融券的比例竟然是 99.51% 比 0.49% 即 200：1。融资和融券失衡了，国外融资和融券的比例也是融资大，但好像是 2：1，我们是 200：1。平衡一直是我很注重的思想，上一次股指期货机构多空也是失衡。

4. 踩踏：我首次提到了踩踏，就是信用交易导致的强平单在强平的过程中，引发新的强平单，这些强平单方向一致，引发踩踏。

5. 国家级战略基金。我再次提到了成立“国家队”，准备入场干预，因为我预计呼吁或政策估计是没用，这次不同以往，当时情况非常严峻，怕咱们准备不及而缺少应对措施。

6. 先救命再治病。如果将来出事了，别找为啥出事，来不及了，先想办法救市场，先救命再研究为什么和以后如何防范。

7. 这辈子，就是别有什么事将来后悔没有去做。有很多不该我做的事，我都去做了，不为钱不为名不为利。至高的忠诚，只给至高的道德标准。

8. 还是要减。

2015 年 07 月 1 日

继续建议减仓

确定性的反弹就只到今天下午，当然我并不是说反弹就此截止了，我只是说我不确定了，我无法确定。昨天大幅反弹之后，市场上几乎清一色的看多声音，有的甚至看高到 7000 点，我说你们是好了伤疤忘了疼吧，分时线急跌浪形成加速状态。

从开始到现在，我一直说这就是个反弹啊，也许是我水平不行，但我真看不出反转来，我必须保持客观的分析态度。

后面的行情，我只能走一步看一步，看一步再走一步。我说未来两个月会比较难，原因就是大盘会异常复杂，空间上其实主要跌幅已经跌完了，但时间不够。也就是说，低位窄幅震荡可能性比较大。

交易上建议重仓的继续逢高减仓。

作者点评

好了伤疤忘了疼，当时反弹很弱，根本看不出任何反转来。

后配图(2015070101)

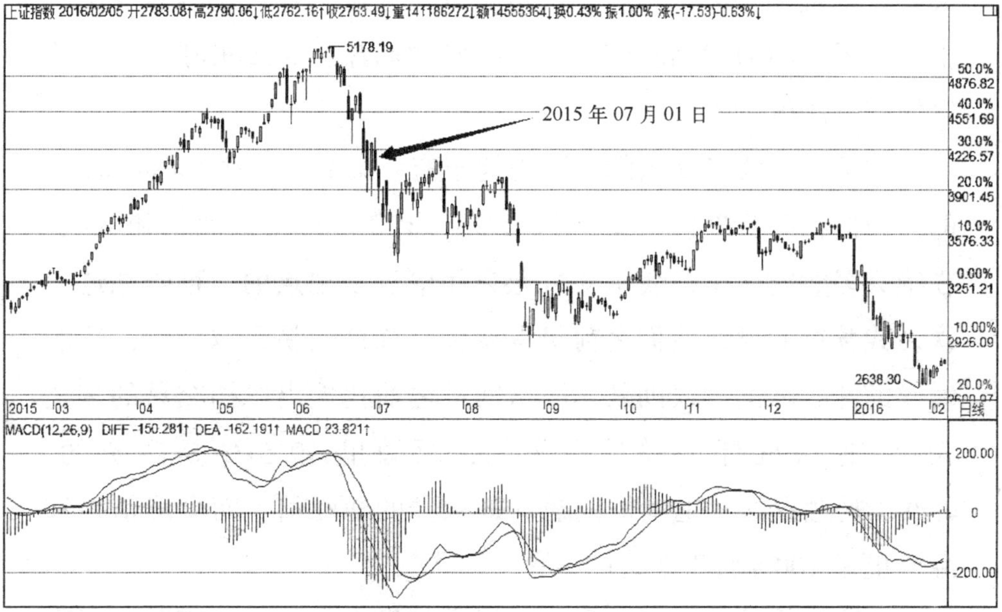

2015 年 07 月 05 日

平衡之道

这是一个不平凡的周末，甚至有点太刺激了。

周一操作策略不用写了，基本情况和走势大家基本都明白了。说说本周末爆炸式的信息轮番轰炸吧，谈谈我的观点。

我之前在博客里说了多次信用交易的泛滥会引发崩盘，大家注意到没有，我在提出防范风险的同时，是给了解决建议的。其中反复多次说明的是：建立国家战略基金(也有叫平准基金的)，关键时刻直接入场买入。大家还记得吧，这个事我在博客里说了很多次了，因为我判断信用交易引发的崩盘，靠政策呼吁、舆论等传统方法解决不了。

昨天其实我挺高兴的，因为终于有一部分人主张“无为而治”的，他们认为管理层不要参与市场，让市场自己来消化和解决。**在绝大多数时间里，我是支持无为而治这个观点的，可唯独这一次，我觉得问题比我们之前想得要大**。杠杆交易是双刃剑，涨的时候助涨，跌的时候助跌。股指期货之前我提出机构交易的多空失衡，这次杠杆一样是失衡的，两融里 99.51% 是融资的，0.49%是融券的，也就是说融资是融券的 200 倍，而伞形信托和配资更是 100%属于融资的。

这个数据让我警惕，我一直提示**信用交易引发的下跌是短暂而猛烈的“断崖式”下跌**。做多的时候，方向太一致了，导致平仓的时候，方向也会“太一致”了。周线上三连阴，第一周很多人还没反应过来，第二周大家开始骂，但第三周大家的反应不仅是骂，而是真正的恐慌了。信用交易的崩溃，会引发“群体效应”而产生“金融市场踩踏”，这个会出现系统性风险的，有关部门一直说整体风险可控。这么大的信用交易，在我国金融历史上也是第一次，第一次就代表你之前都没见过，你都没见过凭什么说是可控的呢？

上周，频繁的发利好，但市场照跌不误，问题的关键是跌的时候没有量啊，也就代表了市场这么跌，竟然没有“接盘”的，而信用交易的风控部门却不按量，而是按价格。也就是说，价格下跌只要到风控位置，就会引发平仓盘，平仓盘再引发价格的进一步下跌。这个时候，应该是当机立断的时候，**管理层终于考虑资金直接入市参与了，我放心了不少，因为我多次建议这一招，我很清楚，这才是最有用的牌**。

用市场的方式，来调控市场，才是真正的市场调控。

有人说这已经说明这里市场风险已经非常巨大了，你们认同吗？我并不认同。信用交易大幅增长是随着行情上涨而逐渐增加的，就是我们所谓的杠杆牛市，大家可以根据增加的量和券商的两融系数算出风险来。我认可证监会说的两融目前还没有遇到风险的结论，我也认为两融的风险目前并没有危及到，但伞形信托和配资肯定是危及到了。

那管理层为什么还这么大的力度来救市呢？哎，为了散户。大家可以从中央登记结算公司的公开披露中看到，最高点之前，连续数周，每周开户数都是上百万的(如果你把开户数生成曲线，并按此开户数最低的时候买入，开户数最高的时候卖出，几乎无懈可击)。也就是说大量的普通民众在最高点、最后阶段涌进股市，他们成为了最惨的输家，管理层此举就是为了救市场从而救这批人。

但我估计管理层极不甘心，因为顶级的资本市场主力参与者，他们是最大的赢家，他们从下面就暴力地使用杠杆，暴力地一直往上做，赚得盆满钵满，他们一定知道最后冲进来的是散户，他们对暴力使用杠杆并不担心，他们看准了管理层绝不会看着这些最后重仓进的散户承受巨大的损失和心理压力而不管，更不会放任股市崩溃而不管。

散户很悲哀，接盘侠+肉盾，哎。

经过了这些事情之后，管理层应该好好想想“平衡”这两个字的重要性。多空之间相互制衡，才能有序健康发展。失衡，过去每次都会有巨大的问题，这个问题如果没想清楚，涨上去了？信用交易再泛滥怎么办？主力再用散户当肉盾怎么解？

对于普通投资者，我常说当我们进入到这个市场里来，我们就会遇到最专业、最凶猛、最狡猾的头脑的较量，大家应该去仔细想一想，我们凭什么成为这个市场中的胜利者？

勤于思考，无论于工作、学习还是交易都是非常好的习惯。

希望这一次之后，管理层能够意识到，“平衡”这两个字的重要性。

作者点评

前面的文章里我提到过，美国股指期货机构做多和做空总体是接近 1∶1 的，而我们机构的做多和做空的比例是 1∶49，机构交易股指期货多空严重失衡，这个问题其实并没有解决，然后被更大的融资融券的 200∶1 多空失衡取代了。

资金的万箭齐发，才导致股灾的万箭穿心。

一失衡准没好事，平衡这两个字有很深的哲学思想。没有足够多的股指期货的机构多头，就别放开那么多的股指期货的机构空头；没有足够多的融券额度，就别放开那么多的融资额度。

让多空之间相互形成制衡，市场就会健康，这是简单而朴素的道理呀。

2015 年 07 月 08 日 11 点 35

建议暂停股市

昨天晚上我发微博，建议暂停股市和期指，被转发了超过 1 万 3 千多次，希望能引起相关部门的重视。

目前有大量个股主动要求停牌，已经接近全部上市公司的半数，这会引发连锁反应：

1. **当价格下跌基金公司(包括公募和私募)会引发大量赎回，由于大量公司停牌无法交易，就会使得对应的赎回卖压集中在未停牌的上市公司里，使得这些公司出现股价大幅下跌，有失市场公平原则，导致更多的上市公司要求停牌，那时即便股市不主动停牌，也会被动停牌**。

2. 未停牌公司的价格下跌会引发连锁反应导致系统性风险加大。强平是证券公司和相关机构进行的风险防范行为，但停牌公司导致大量的可交易股票数量大幅减少，卖压会集中到未停牌的公司，他们一旦无法强平，就会出现未知的系统性风险。

3. **个股的跌幅过大，会引发市场的恐慌，市场恐慌的结果可能会导致未停牌的个股出现连续的“一字跌停”，导致普通投资者想平都平不出来，从而形成更大的恐慌**。

基于上述观点，为了保证公平原则，强烈建议股市和期指暂时停牌，其实解决的办法还是有很多的，停牌有以下好处：

1. **能够保持公平原则**。**上市公司要么一起复牌，要么一起**

停牌。

2. 暂停股市可以熔断恐慌情绪。恐慌情绪的传播现在非常快，让一半的股票来承接全部股票的卖压，会导致这些股票大跌。持有这部分股票的投资者会心理压力巨大，而未持有这部分股票的投资者也会受到这些股票大跌的影响，严重打击了“潜在多头”的信心。

3. 为更好地解决问题赢得时间。目前经历的问题，是在过去从来没有出现过的，此次不同以往，暂停一下可以防止事态的进一步蔓延，市场各方一起缓一缓，也想一想。比方说，除了国家接盘、机构接盘，也可以让上市公司来接自己公司的股份。

因此，强烈建议股市和期指暂时先停牌，还望管理层能够采纳。

另，今天下午15:00，我将发文论述我认为的本次危机解决方案，敬请关注。

作者点评

此时，市场已经出现了千股跌停、千股停牌的千古奇观。

当时看指数好像并没有跌多少，原因很简单，1700多只股票停盘了啊，占全部上市公司一多半。没停牌的个股集体跌停其实挺冤的。比方说恐慌引发的集中赎回，很多基金都是卖出股票才能赎回，但你只能集中卖没有停牌的股票；强平单也是同样的道理，如果你的账户需要强平，账户里有多只股票，一部分停盘一部分开盘，自然会集中涌向开盘的股票进行强平。

再加上正常和恐慌卖出的，市场瞬间就没有买盘了。当时很可怕，我也没见过连续一字跌停没有买盘的市场。恐慌开始传导到大宗商品和汇率，真是千钧一发啊。尽管我很早很早就建议成立国家队，直接入场干预，但迟迟没有动作，市场已经危在旦夕，我担心管理层还没有认识到问题的严重性，或者是行政过程太繁杂导致反应过慢，所以我建议直接暂停股市交易。

我当时认为暂停股市有合理性的，是一个好招。

首先不会出现我上面说的，由于大部分的股票停牌使得卖出压力集中在未停牌的股票上，导致跌停一片。其次暂停股市可以熔断恐慌情绪，这跟NBA篮球打得不好教练叫个暂停一样的道理。第三，万一管理层还没有拿定主意，为了防止事态的进一步蔓延，可以为确定救市方案赢得时间。

随后，我又给出了我早就想好的救市方案，本来想说怕自己太“自不量力”了，但看当时的市场情况，真是心急啊，注意看下一篇文章。

当然管理层已经在用更好的、更厉害的招，之后的几天我就明白了，哈哈。虽然我的担心多余了，但当时我是不知道的。

管理层用的招就是：直接入场干预。

已经想好了怎么救市了，已经准备了资金。超过一半的股票停牌，虽然卖压集中在未停牌的股票上，但也由于股票数量的大幅减少，救市资金也能集中在未停牌的股票上。

申请停牌的全部通过，就是为了缩小战斗范围，集中资金优势救市。

高！比我想的招高明。

当然，我当时并不知道是否救市呢，甚至不知道是不是还在开会讨论阶段，我能想到的，在我思考范围之内的就是先暂停股市，然后三思而后行。

2015年07月08日 15:00

股灾救市方案

我来给出我认为的股灾解决方案，核心是，先救命、再治病，供大家参考。

救命方案：

我们要把目前做空的进行分门别类，核心是**四个字：“逐个击破”**，我认为主要有四个部分：

1. 信用交易引发的市场强平；
2. 公募基金因赎回导致的主动卖出；
3. 股指期货恶意做空；
4. 恐慌性引发的群体抛售。

我分别来说。最紧迫的要数信用交易引发的市场强平行为，你用资金托，托到最后钱花了不少，但家数太多了，你会顾此失彼。信用交易的强平让机构和鼓励散户接盘都不对，这个部分应该鼓励每只股票所在的上市公司来接盘自己公司的股票，类似回购。可以对应的给一些上市公司鼓励（比方说经营上部分免税），他们接这部分股票的最大好处，是将来不一定要卖出，而其他不管谁来接，将来都还是要卖出的。强平的过程，不要走二级市场，最好协议或大宗交易。

公募基金赎回部分，可以借款给他们，否则让他们卖股票，换钱应对赎回，这边再拿钱托市买股票，没意义。绕个大圈，还不如直接把钱借给公募，将来再慢慢还，避免或减少二级市场股票交易行为。

股指期货恶意做空，采用限制持仓数量，提高保证金比例，限制拖拉机账户。现在的路子是对的，后面盯紧点就行。

恐慌性引发的群体抛售行为，这才是国家队最应该重视的事，如果解决上面的几个问题，最后这个问题证金公司的钱就花在了最该花的地方。只要抗住最开始的一波，后面就好办多了，营造慢牛格局，重塑市场信心。

你要是一锅烩，想用钱解决所有问题，对不起，我认为短期内可能你钱不够。就算背后有央行支持，最终钱花了不少，问题可能解决不了，还手里一大堆的股票。

这是我提出的救命方案。

至于治病方案，我们得研究一下股灾的成因，否则行情再涨上去，信用交易再泛滥怎么办？你再救一次吗？同样的错误如果犯两次，那是愚蠢。

股灾的起因：

这场股灾的原因大家可能现在都明白了，是因为信用交易的疯狂滥用所带来的后遗症。但实质上的原因就是四个字“多空失衡”，我们可以从数据上进行对比得知，这波行情启动之前，融资和融券基本上是 2 ∶ 1 的关系，但最高时，融资占了 99.51%，而融券只有 0.49%，即 200 ∶ 1。

多空失衡，导致了在牛市的时候大家都是融资，融资再激发新的牛市，即杠杆牛市。这是一种模式，这个模式迟早会走到尽头，要么牛市没了，要么钱没了，都会爆发问题的，我在 1 月份就说 2015 年会有一次“断崖式”下跌就是因为此。

本次是资金先出的问题，融资先接近于证券公司的极限额度（没有新增资金了），然后又断掉了场外配资和伞形信托的生存环境（关停 HOMS 系统），杠杆牛跟小三一样，就是靠钱养着，钱跟不上了，模式崩塌。

这些融资的、配资的、伞形的，都是杠杆型交易，且所有杠杆都出现了严重的多空失衡。这些庞大的信用做多资金，在牛市里一直没有问题，但熊市一来，就形成清一色的反向卖空盘。由于方向太一致了，引发系统性风险，这一点我一直提醒注意这个风险，反驳相关专家的风险可控论。这是历史上从没有过的，你都没见过，你凭什么认为这是可控的呢？

问题的核心是“多空失衡”，之前我曾经提出过股指期货的机构多空失衡问题，当时期指机构多空比是 1∶49，而国际上机构多空基本是 1∶1 的。两融也是，200∶1 的这个比例，简直太不靠谱了。要注意的是，期指的问题有所好转，但并没有全部解决，而是被这一波更大的两融多空失衡给盖过去了，不代表问题已经解决。

假如，我是说假如，给我们再来一次的机会，我们一定想要一个多空均衡的两融、一个多空均衡的股指期货，让产品本身能够相互制衡。按照一定的比例，融券的规模不够大，就不给开对应的融资规模，融券的大了，融资才跟随逐步放大；期指也是一样，机构做空必须对冲机构做多，机构如果没有足够做多的，就不让放开机构太多做空的，机构去对冲个人是无法形成平衡的。

经过这些事之后，希望管理层能够认识到“平衡”这两个字的重要性。如果两融问题本次成功着陆，包括股指期货在内，请采取“多空平衡策略”。

简单、有效。

作者点评

救命的部分，我当时还不知道已经成立了国家队并且打算直接入场干预，我担心短期内筹到的资金可能不足，所以需要仔细地规划一下这个入场干预怎么干。

首先我进行了市场参与群体的细分，不同的群体应该应对不同的策略，这才相对的更细腻，资金的效率才会发挥得更大。当时我有诸多担心，首先最担心的就是救市的过程太草率，手法太粗糙，救了却救不到。如果第一次救没有救成，市场就会产生怀疑，要一鼓作气做好救市，就要在战略上和细节上都要注意。

我给的分群体逐个击破还是很细腻的。

2015 年 07 月 09 日

跌停到涨停

我在救市建议里，给了四个建议。①**融资强平部分，鼓励**

上市公司来参与，昨天晚上证监会发布取消了上市公司大股东和高管买入的种种限制，全力支持上市公司参与回购，并且有部分交易还不在二级市场里。②公幕基金，我建议借款给他们，来应对赎回压力，减少二级市场买卖行为，这块管理层用的是巨额申购来应对赎回。③这点我最佩服，这是今天上涨的主要原因，股指期货限制量、提高保证金比例。结果中金所弄了个多空差异化出来，做空的保证金30%，做多的保证金20%，哈哈。太狠了。④预防恐慌性抛盘，这招现在基本用不上了。

上午我一直盯在盘面上，并多次提醒，很多个股快到买点了，并直接建议在跌幅榜上找股票，很多人从一字跌停买入，到尾盘变成了涨停。但本次没有敢买入太多，主要我认为临时停牌的股票会是一个很大的问题，尤其是高位停牌的股票。

如果它们复牌，高位没跌到位的，会出现补跌，可能会影响到现在的股票。我中午的博文里说了，除了底仓进行买入外，重点就是观察近期高位停牌股票的复牌情况。大家可以进行一下区间统计，6月15号以来跌幅超过60%的股票，即便是今天大涨之后，还有近200只呢。

这里面还没有统计暂停交易的，个股跌得是相当惨烈啊。

作者点评

我是7月8日给出的“逐个击破”的救市建议，结果7月9日出台了很多消息跟我给出的建议有很大的相似性，我认为并不是我的建议被采纳了，而是“英雄所见略同”。

第一次建议抄股灾的底，但没敢建议重仓，可是至今记忆深刻，很多股票从跌停到涨停，一天20%的极限收益啊。

我当时给学员讲课时，根据当时的情况(已经连续一字跌停)，特别讲了一字涨停卖出法的反向理论。比方说新股，上市之后一字涨停，如果你中签了，你可以不卖。因为买盘严重大于卖盘才会形成一字涨停，即封单量大于成交量，当成交量是封单量两倍的时候，可以选择卖出，因为成交量大于封单量说明多空双方从一边倒开始形成分歧了，这个时候确定性的上涨结束。

反过来呢？就是盯着一字跌停的股票的封单量，如果开始逐步被吃掉，成交量是封单量的两倍的时候，可以选择买入。如果继续一字跌停且封单量大于成交量，就继续不买，如果成交量大于封单量两倍当时还是跌停，但多空双方从一边倒开始形成分歧。

我还强调了一字跌停买入法必须是群体跌停，某只个股一字跌停是不能用的。因为个股一字跌停一般都是暴雷了，基本面或消息面出大问题了。这种情况有可能并不是多空形成分歧，而是主力资金为了自救做骗线，即假装买盘踊跃。这次的群体跌停，如果很多股票都出现了成交量开始放大，那就是多空双方的力量转变无疑。

这个是我提前好几天讲的知识点，非常实用。

2015年07月12日

国家队入场的目的

上周真是太刺激了，周一涨停到跌停、周二跌停、周三跌停、周四跌停到涨停、周五涨停。你见过这样的股市吗？这一周时间所经历的，必然会被载入史册：**千股跌停、千股停牌、千股涨停的千古奇观**。

所以就上周来讲，基本上前半周在地狱，后半周在天堂。而本周，市场要尝试开始“回到人间”了。我之所以说尝试，就是本周的真实意图也许要看看市场各方的反应。

预计本周初，将出现较为明显的冲高回落，原因有：

1. **我们要清楚的知道，国家队入场，是为了防止系统性风险的，而不是为了当高位套牢盘的解放军的**。国家关键时候出手是绝对正确的，我曾经多次建议，在没跌之前我就看到了信用交易会出大问题，而建议国家成立战略基金。就是想到了如果政策、消息、呼吁都不好用，要更直接的入场干预。但干预的目的是防范系统性风险，绝不会也不能长时间干预市场，那会使市场失去流动性的。

2. 金鱼的记忆力7秒钟，而股民的记忆力只有6秒钟，我在网上看到这个段子，用来形容杠杆刚出这么大的甚至导致崩盘的问题，一反弹又开始有人重新使用杠杆了。国家没有去解决本次股灾的一些制度性问题，是没有来得及，股灾救市，本就应该先救命、再治病。近期如果制度上没有改变，那么再涨上去会有新的杠杆出现，将来存在跟这次一样的问题。

3. 很多短期抄底资金都是奔着超跌做短线去的，入场的动机本就不纯，获利空间和环境是这些资金首先要考虑的，如果环境已经不是“集体涨停”那种“极多”的多头环境，加上获利空间短线已经足够，短线逢高卖出的概率很大，因为他们压根就没打算做很久。

作者点评

国家队入场了，市场止跌了，然后在强大资金的干预下，市场信心开始快速恢复，从跌停到涨停，再到连续的涨停。

但要对国家队入场的目的有清醒的认识。我在文章里明确指出，国家队入场是为了防范系统性风险，不是来当高位套牢盘、解套盘的解放军的。当然后来国家队里有一小部分勾结私募，用国家队的资金救私募的套牢盘，这只是局部现象，从整体来看，国家队是来防范系统性风险的。

也就是说，一旦防住了系统性风险，国家队没有必要再向上做多。这并不是“敌我矛盾”，如果有外资阻击我们，我们除了防范系统性风险外可能还会进行反攻。我们自己制造的杠杆牛市，然后杠杆牛市爆裂形成的资金踩踏，这是“人民内部矛盾”。

我一开始就明确建议，提前建立国家队，关键时候一定要坚决出手。其实现在想想都后怕，国家队出手算是比较及时的，如果国家队不出手，可不是股价跌到哪的问题。因为强平单的强平并不是投资者自己卖出，而是由第三方风控部门进行卖出，他们是以卖出为第一目标，而不是价格是否能更优。这样的强平单如果不管，国家队再不出手，知道什么后果吗?

股市就完了，越跌强平单会越不顾价格玩命卖出，而那种恐慌的情况下没人敢买，一字跌停买了怕出不去，并不是股市跌到哪的问题，而是股市会失去定价机制。

我很早以前就判定国家队一定会干预市场，国家队已经反应很快了，而我在没有下跌之前，在上升阶段就建议建立救市资金，就是怕到时候反应太慢。所以当十年之后回忆这件事的时候，为国管理层的反应速度和坚决救市点赞。

但我同时也坚信，国家队只是防范系统性风险的，在抗住了全线跌停、瞬间没有了买盘的那种恐慌性的抛售之后，国家队不会进一步的进攻。

2015 年 07 月 14 日

我这两天不断去试图说明，**市场是无法形成 V 型反转的，资金面相差太远了，配资被宣布违法了，伞形信托受伤了；融资方面，高位融资的爆仓了，高位没融资的，现在也不会融**。资金的缺口太大了，市场 V 型反转不现实，因为资金面这次股灾之后差太远了。

那么后面就两种走势可能，一种是低位震荡，一种是 ABC 下跌。那些说我悲观的，悲观的都是去看 ABC 下跌去了，认为后面还有 C 浪下跌呢。C 浪下跌肯定会低于 A 浪低点，即创新低的。他们才悲观，我肯定属于相对乐观的。

但从交易层面，既然排除了 V 型反转，不管是震荡行情，还是 ABC 行情，现在其实都应该逢高减仓呀。震荡行情和 ABC 行情的区别是，将来接回来的位置问题，一个是不创新低接，一个是创新低之后接。

我考虑到空间已经跌完一大波了，也就是主要的下跌阶段已经过去了，所以震荡策略应该相对中性，即不激进也不悲观。

我知道大家现在的恐慌，跌停的时候恐慌下跌，涨停的时候恐慌上涨。都是被这行情闹得，我绝大多数时间是反对救市的，除了这一次以外，这次我是多次在上涨还没跌的时候就建议准备好救市，因为我知道这次不同以往。

反对政策干预市场，就是怕政策“矫枉过正”。比方说，熊市的时候出的两融，当时为了增加资金面。但熊市没人用，到了牛市，两融被用到天上去了，矫枉过正。

这次救市也是一样，一开始呼吁，发现没用；然后出政策，发现也没用；然后开始下猛药，这个药可能太猛了，是药三分毒，有后遗症的，其实也是一种矫枉过正。

大盘跌，市场像地狱一样，大家恐慌，恐慌卖不出去。

大盘涨，市场像天堂一样，大家也恐慌，这两天就能看出来，恐慌赔了之后急于回本，怕卖了之后买不回来。

市场慌了，慌不择路。

假如市场不是现在这样的情况，没有千股跌停、千股停牌、千股涨停的千股奇观，大家会慌吗？

操作上维持昨天的判断，大盘弱势暂时会持续到明天下午临近收盘，目光请聚焦超跌股，但你不敢做波段了，你就注意仓位的转移。比方说卖掉小盘股买大盘股，等小盘股回落到低位，再买小盘股卖大盘股。

大盘股用来防守，小盘股用来进攻。这是最近一段时间的主要战略。

作者点评

恐慌是人性本能的部分，先恐惧然后再慌。恐惧批评、恐惧贫穷、恐惧失去所爱。跌的时候恐惧贫穷，涨的时候又恐惧失去所爱。

有恐惧，才有慌不择路。

建立交易规则，克制恐惧和其他人性弱点，才能理性客观地进行交易。

2015年07月15日

不是什么时候都有答案

我在周一的时候就说了弱势或维持到周三下午，也就是今天下午，我不太清楚为什么有很多人判断明天就开始上涨。我没有这么说呀，从来没有这么说过。我只是说相对确定的弱势会维持到这，后面我确定不了。意思也很明白，我确定不了是涨还是跌，它超过了我的能力范围，我需要进一步的数据来进行跟踪判断，**市场不会是每天都有答案的，那些试图每天都给市场一个判断结果的，其实费力不讨好**。

尊重市场才能更理性和客观，我希望自己更加理性和客观，所以我直接说我判断不出来了，我思维严谨，从不乱说。后面我判断不出来了，但只需要再给我两天的时间，也许周末我就会重新再得出新的分析结论。

时间能改变一切。

我一直在试图说明，资金量已经跟之前相差得太大了，所以期待 V 型反转没有什么道理，除了 V 型反转以外，要么就是 ABC 的下跌，要么就是底部震荡。可是从操作的角度，第一波反弹之后，无论是哪一种，都应该是逢高减仓为主。这一点我是相对确定的，所以也反复提及了。

底部震荡和 ABC 下跌最明显的区别是，后面还有没有系统性下跌，我个人比较倾向于没有了，国家队救市成功，下跌在这位置止住了，但后面可能也不会像之前那么涨，用时间来消耗空间或者说换取空间。

时间够了之后，市场重新进入牛市，但会是慢牛，用最合乎市场的方式来运行牛市。这会给管理层很多的时间，来处理这次股灾所爆发出来的一系列的问题。

作者点评

市场不是什么时候都有答案。

大量无序的个体买卖，会在整体上出现秩序，但这个秩序是在少数特定的时间或环境里才出现的，而大部分时间是无序的，也可以叫做混沌状态。

从混沌到秩序，再从秩序到混沌，循环往复。

2015年07月16日

这波反弹建议放弃

之前我说调整周期延续到周三，也就是昨天，后面不确定了，可能会有反弹，但这里的反弹我还是建议放弃掉。

因为我们已经在资金面上确定行情很难是V型反转，期待重回5000点，甚至4500点以上，都是很小概率的事情，低位震荡和ABC走势为大概率，所以建议反弹逢高减仓，如果这里再上，也就是一个M头，建议的结果会跟之前一样，逢高减仓。但起点跟之前的起点有很大不同，也就是说，即便是M头或叫双头，如图A**段比较好做利润，而**B**端很难做出利润**。

如果不是M头呢？这里只是下降途中的反弹，那么空间反而被缩小了，时间则会被继续拉长，见低点时间最快也要到下周初。

原配图(2015071601)

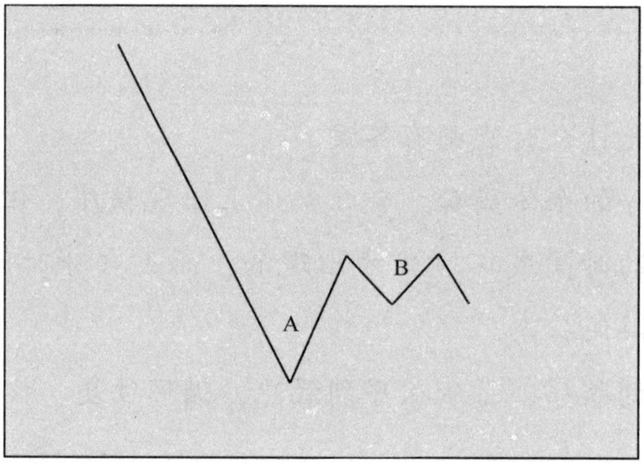

作者点评

我在上一篇文章里，指出了市场是无法形成 V 型反转的，资金面相差太远了，配资被宣布违法了，伞形信托受伤了；融资方面，高位融资的爆仓了，高位没融资的，现在也不会融。

这段话其实就是说明一个事，资金面上绝对不可能达到股灾之前的高度。

1. 配资直接被宣布违法，没废话直接干掉。配资的资金面直接封死。

2. 伞形信托的杠杆比率总体比融资要大，劣后部分爆仓了，优先部分本身就是低风险偏好的资金，如果劣后没了，优先会退出市场的，伞形信托的资金面会大不如前。

3. 高位杠杆资金爆仓的，爆仓就代表了他们失败了，再也没有翻身的机会，他们彻底无法回到股灾前的高度。

4. 没用杠杆的，牛市里都没用，别指望他们能在杠杆风险刚刚爆发之后的反弹里会去用杠杆，这不合逻辑。

这些事想明白了就能确定一点，市场绝不会反转。不是反转就是反弹，反弹的意思就是，反弹之后市场会再下。就算是双顶，我只建议做 A 段，B 段不是不能做，是我有一个绝不是反转的肯定性判断，导致 B 段的风险大于收益。

所以我建议，放弃掉，不做了。

2015年07月19日

做空的工具太少，而非太多

这一波下跌以来，好多人批评以股指期货为代表的做空工具，我已经多次说明了，问题的关键不在于做空，而是失衡。如果单纯地从做空工具的角度，**我认为我们的市场做空工具太少，而非太多**。

前些天看了一篇文章，说某机构在上涨的过程中，就去券商处摸底计算融资的规模，其实用两融余额的增加情况可以大概算出这次融资的成本，同样根据成本和游戏规则来推算出他们大概爆仓的位置。我在这波股灾之前，曾提醒过准备好救市，并提出了建立平准基金，关键时刻直接买入。如果国家队这波不出手，股市无解。强平做空的不在乎成本，做多的没人敢来接盘，强平的方向又空前一致。

假如我们的多空平衡做得足够好，市场岂是你想做多就能做多、你想做空就能做空的？不信你去做外汇试试，看看你能主导市场吗？

多空一旦失衡，市场就会有大问题。我们的做空力量没能在涨的过程中抵御住杠杆牛市，直到两融被用到顶（按券商注册资本的倍数，几乎是峰值）。这波不是做空力量的抵御，做空在这个上涨过程中，几乎没有什么抵御，因为多空失衡。筑顶之后原来做多的，转换为做空，引发了另一个多空失衡，多杀多的局面。

现在跌下来了，系统性风险已经给防住了（我判断已经防住了），但制度性的建设一大堆问题，我不认为后面会 V 型反转涨上去，当然主要原因是之前说过的资金面差得太多太远的问题，如果什么都没解决，就这样再硬生生地拉上去了，再来一次股灾怎么办？主力同样会算好，你在什么位置必须会救市。然后在这个期间里可以安全地反复低买高卖，时间一长，股市就没有流动性了。

让多空形成平衡，让它们相互制衡，才是市场健康发展的核心要素。

个股如果有做空机制，就会像美国一样，好的公司并不怕做空机制，反而会在机制下凸显出来，坏公司会被做空机制打回原型，股票才能出现好坏之分。A 股呢？大盘跌的时候，好公司一样跌；大盘涨的时候，坏公司一样涨。股市有两个功能：投资和投机。没有做空机制，基本干掉了投资功能，只剩下投机了。

股指期货也是一样，当年我强烈谴责股指期货机构清一色做空的行为，使得股指期货的两个功能：套期保值和价值发现基本干掉了价值发现，只剩下套期保值了（股指期货机构失衡的这个问题有所改善，并没有完全解决就被更大的两融失衡盖过去了）。

所以再次重申：“平衡”才是市场良性发展的重中之重，是核心要素。

而就走势来讲，慢牛是王道。关于营造慢牛，我也提过很多次了。**让绝大多数的人，在绝大多数的时间里能够“轻松”盈利**，市场信心就会空前高涨。股市的波动不要那么大，就像打麻将，不能像这几年，好**几年不胡憋了一把大胡，之后又好几年不胡**。

最好天天屁胡，但天天胡。你做投机，慢牛空间小，如果持有的收益会超过你来回买卖的投机收益，市场的收益率会引导你去做投资。A 股绝大多数上市公司只圈钱不分红，你只能做投机。如果有做空机构，这样的公司，就让做空机构去干掉它，让市场的方式来解决。

有好有坏，就会优化资金分配的方向和属性，才能培育和鼓励踏踏实实做企业的好公司。其实创业板部分股票 100 多倍市盈率的估值，并非全都是错误的。从小量级到大量级，发展速度只有初创公司才能做到，而大量级了之后发展速度再那么快就非常难了。天使投资为什么能获得几十倍、几百倍的回报，而 PE 或 VC 就比较难就是这个道理。但所有的股票都 100 多倍的市盈率，这就是赤裸裸的泡沫，问题出现在上升的过程中，没有做空机构去教训他们。然后所有人，都很难避免因泡沫爆裂所引发的危机。

我今天谈了这么多，核心是我认为在这些制度性的建设没有彻底解决之前，国家队肯定不会也不能去当解放军。**今年 5000 点别想了，4500 甚至都很难**。市场将在一个相对窄幅的范围内进行窄幅震荡，我认为在 4200~3500 点之间的概率大。

运行结构上，如果市场很难 V 型反转，那么实际上就有两种走势了。

一种是类 1987 年美国道琼斯股灾之后的走势，长时间横盘，消化股灾阴影重新建立信心。

一种是 ABC 结构，B 浪反弹之后还要经历 C 浪下跌。目前我并不排除这个可能性，我只是认为第一种的概率更大。

操作上，不管哪一种走势，B 浪都是相对安全的，但 B 浪安全必须建立在波段操作的基础上，即低买高卖，这段时间要逆市场操作，大家都买的时候你敢于卖出，大家都卖的时候敢于买入。

B 浪相对安全，B 浪之后呢？到时候我们在说。

原配图(2015071901)

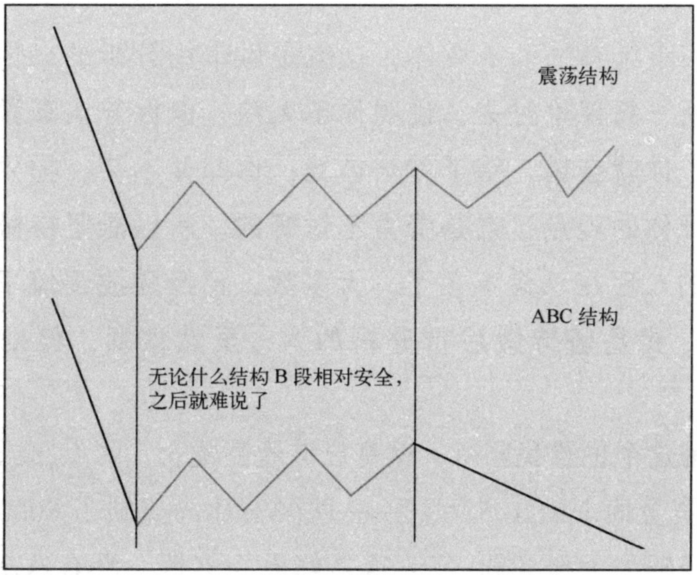

作者点评

做空的工具太少而非太多，这句话你猛的听起来好像不对，但如果你能深入思考，就能理解为什么了。

我们这么些年股市的问题，常年走熊，大涨之后就大跌。大家想过没有，是做空的工具和形式太少，无法相互平衡，无法形成优胜劣汰机制，无法建立市场正确的价值观。

这才是主要问题。

2015年07月22日

应该逢高减仓

其实市场有一个矛盾体，这就是做市场分析的，**你若不做未来分析，只评论过去，说明你不入流。但你若认真做市场后市分析，你就会错，错了就会被骂；你即便不错，需要一段时间来验证你的观点，也是费力不讨好的。所以能坚持做未来后市分析的人现在已经不多了，大多数，已经随波逐流了，被大家骂的。我是坚持做后市分析的人，虽然被骂，但准备坚持不变。**

目前这个位置我坚持，就是应该逢高减仓，两点原因：

1. 资金面上缺1.5万亿——两融对比高点缺了8000亿，伞形和配资缺了大概7000亿，这是好大一笔钱，没有这笔钱，我不认为市场会重上5000点，甚至近期不会重上4500点，尽管我给了3500~4200的区间波动，我没说这次就会到4200，未来也许不是事，**但这次4200都难**。

2. 大周期尖顶急跌下来，很少有尖底V型反转上去的，我们就算不是信用交易的问题，在历史上也几乎没有这种形态。

交易就像破案，我们整理了很多线索和证据，来试图说明一个问题，你相信原因才不会怀疑结果，做到知其然亦知其所以然。你如果觉得这些推理和证据是扯淡，你完全可以不信，坚持自己的交易方式。

以上是我认为这个地方应该逢高减仓的理由，目前还没跌，我也没说必须马上开始跌，股灾前我让学员的刀举了 7 天，第 8 天 6 月 15 日结构才形成才手起刀落，转势是一个过程，跌速快的时候都是中后期了。

我坚持用我的方式来做市场分析，坚持勇敢的分析未来，我并不保证每次都对，反而我保证：过去、现在和将来会出错的，我保证会出错，说未来不错的是神仙姐姐哦(也可能是神仙哥哥，未知性别)。但我依然没有打算改变针对未来的分析方式，不仅是因为我勇敢，而是我深知这依然是对待市场最有效的方法。

放轻松，让时间来证明对错吧。

后配图(2015072201)

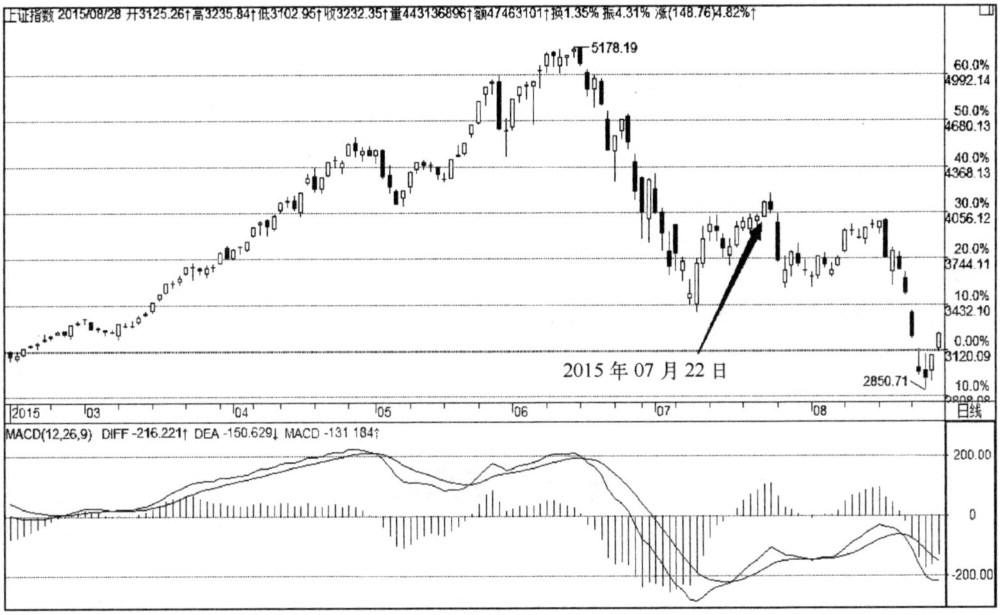

作者点评

做市场分析的，正确的方式是分析未来，因为分析过去那是事后诸葛，那不叫分析，那叫评论过去。过去有啥好分析的，都已经在那了。

还有人说，说过去的人多，是因为过去的准确率比说未来的高。这不是废话吗？说未来没发生的事肯定准确率低啊，但说过去并不是准确率高不高的问题，你说过去都能说不准，都能说错，你得多笨啊。

可是交易，是交易未来还是交易过去？这一点想明白了，就知道为什么我一直坚持分析未来了。

7 月 22 日当天我说这一波 4200 点都难，实际上指数那一波最高 4184 点，4184 点成为了那之后几年的最高点。

2015 年 07 月 23 日

重视 C 浪风险

贴水本来有 6%的幅度的，结果今天一天期指大涨，现货小涨，贴水只剩下 1%了。之前我也说，A 股很奇怪，不走国际惯例(贴水一般预示行情未来跌，升水预示未来行情涨)。

说说盘面，这种盘面对空仓或轻仓人的冲击我知道一定会很大，我能理解。但这一波跌下来之后，我就认为已经伤到元气了，震荡都算是相对乐观的走势，**目前的走势其实更倾向于 ABC**。

我们假设是震荡走势，这里是应该逢高减仓，这波下跌我很早就说了，要在交易意识上配置震荡策略，有些时候你现在看不出来这是为什么？因为现在很明显要诱多，然后再来一波下跌，再套一批人。就像我之前说"断崖式"下跌一样，很多人当做笑柄，但当你意识到的时候，已经晚了。

如果是 ABC 呢？这不是减不减仓的问题，而是要逃掉。**因为后面 C 浪下跌，是主跌浪，你若不加以重视，很多没亏在 A 浪的，弄不好要亏在 C 浪里**。至今我们依旧无法排除这种可能性。下降 17 天，反弹到今天 11 天，刚好到 0.618。

所以关键在于何时确定反弹已经结束，我有一个标准，就是 30 分钟线的顶部结构，目前 30 分钟线形成了第二次顶部钝化，一旦结构形成，便会宣告 B 浪反弹结束。

注意，这里不是一一对应关系的，一般上升过程中，大周期结构高点，对应小周期结构低点，而在下降过程中，大周期低点，对用小周期高点，要错周期对应。所以下面是有 60 分钟底部结构的，上面对应的不是 60 分钟而是 30 分钟。

目前钝化过程中，结构确认需要 DIF 值转折。

原配图（2015072301）

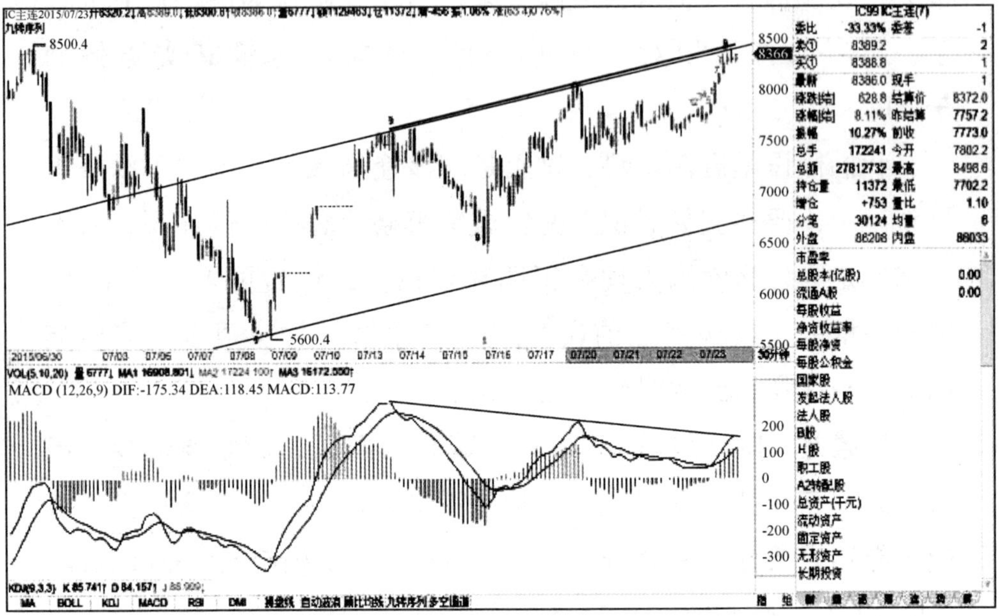

作者点评

之前我说了两种走势，第一种低位窄幅震荡，另一种是 ABC 下跌结构。当时我认为第一种的概率更大，但到这里我就认为 ABC 下跌结构的概率大了。

C 浪很猛烈，是主跌浪，风险很大。

2015 年 07 月 25 日

再次提示 C 浪下跌的可能

周五去广州出差，收获还是很大，现在已经回到北京了。上周周一的操作策略里，最后一句话说：B 浪相对安全，B 浪之后呢？到时候我们再说。

现在是要说一说这个问题的时候了。

我对市场的分析判断都是提前给理由，这一次我并不认为会像很多人期待的那样形成 V 型反转，原因有两个：

1. 资金量至少差了有 1.5 万亿，别忘了救市初期准备的也仅只有 2000 亿资金左右，救市不是不让下跌，而是防止恐慌性的群体抛售行为。人们在一个群体里非常容易受到这个群体的影响，救市就是为了防这个系统性风险的。大家可以看一本书名字叫做《乌合之众》，它会告诉你，普通人在一个群体的环境里，是如何“失控”的，所以这次救市非常有必要并且有效。但是，我必须说救市并不是不让股市下跌，只是不让股市“失控”而已，更不是当解放军来解放 5000 点的，我们必须清楚地认识到这一点。

2. 如果你相信“价格包容一切”，你就应该相信一切政策、消息、资金、基本面最终都会反应到股价上。价格已经包容了一切，那么我们完全可以按照价格来对照下一步要做的事情。从价格的角度，**我们根本就不能排除走 C 浪的可能性。我上周**

的意思是，无论是震荡还是 ABC 结构，B 浪相对安全。但 B 走完之后，市场就不再安全了。上周市场走了 3 浪的反弹结构，再次上升的第 3 浪明显弱于第 1 浪的速度，呈衰竭状态，所以 B 浪反弹是有可能结束的，尤其是在 30 分钟形成了第二次顶部结构。

难道我不知道大家想听看涨、做多的言论或者分析吗？在这样一个股市里，看多永远都比看空受欢迎，但我们必须跳出主观的“倾向”行为，然后从市场本质出发，做到更客观、更公正地看待这个市场。所以我每次给出结果的时候，都会详细给出这个结果的推理过程。

做市场分析就像破案，我们在寻找有帮助的线索、有价值的证据，然后得出统计学上的概率优势。既然是概率优势，就谈不上百分之一百，所以我常说，对错其实都没那么重要，重要的是我们思考问题的方式是不是正确的，至少我绝大多数在勇敢地说“未来”。

多和空之间的关系是微妙的，做多的迟早有一天转变成做空的，做空的也会有一天转变成做多的。多空之间的争论，永远都没有停止过，未来也不会停止。

我并不想争论，只想做到两点：

1. 更客观、更有依据地评论现在的市场，无论我的评论是否符合大多数人的意愿，是否受大家的欢迎，我会坚持判断的独立性，尽量做到简单、清晰。

2. 嗯，希望在未来的某一天，可以**华丽转身！**

后配图(2017072501)

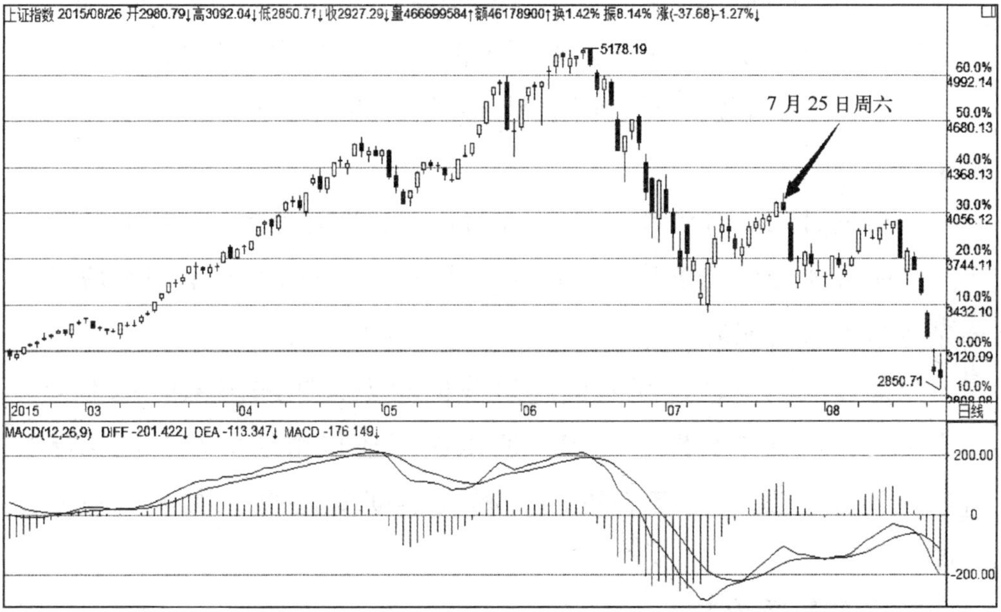

作者点评

7 月 24 日是周五，7 月 25 日是周六。我出差周日有事情，所以周一操作策略本来周日写的周六写了。

2015 年 07 月 27 日

时间的对称

今天有事要先走，所以简单说两句。

市场比我想象的要更猛烈，速度更快。目前 30 分钟调整运行了 11 个周期，在 30 分钟的周期上，上一波(股灾)那波，下跌有 5 个阶段，每个阶段差不多都走 20 左右的周期数(第四波走了 15)，反弹里的下跌周期是 13 个周期，目前来看比较倾向于 20。

根据时间的对称性推算：20-11=9，即还有 9 个 30 分钟第一个阶段才会形成止跌，8 个周期是一天，所以理论上明天应该是运行下跌周期的。

但今天的下跌速度的确超过我的想象，阴跌国家队是不会出手的，但如果急跌不好说。所以明天还得密切关注，国家队如果出手，盘中会有表现的。本次难度要比第一次大，两个原因：

1. **股票数量多**。

2. **国家队第一次救市用了很多资金，没出来，资金面比前面少**。

其他的，看看再说，我暂时没有答案。

作者点评

我当时担心大跌再次引发系统性风险，第一次救市是停牌了多数股票在剩余股票数量很少的情况下救市的，这里如果再次引发系统性风险，那么救市的难度会比第一次大。

2015 年 08 月 05 日

平衡策略

策略要考虑到平衡属性。一般来讲，你完全空仓和完全满仓，要有非常强大的内心和极强的纠错能力，否则我还是建议大家均衡一点，比方说这里，我知道反弹的力度不如上一波，但如果你空仓，昨天的上证对你的冲击就会特别大，而**一旦冲过你的某种防线的时候，你就会失控**。**你可以满仓也可以空仓，你可以看多也可以看空，但一定要保证自己不要失控**。

考虑到策略的整体平衡性，前天我建议昨天上午战略性买入的，即这次买入不卖了，将保持一个相对的底仓。如果再下跌再逐渐加仓，最终大的方向是要买回来的。有一点仓位，能提高你的市场敏感度，有益处。

我前面要大家卖出，是因为股灾是第一波下跌，之后反弹，再之后是第二波下跌，很多股第二波下跌非常惨。但我们已经避过两波主要的下跌阶段，战略上应该入场，尝试性做多。

因为我还无法确定是走震荡结构，还是走 ABC 结构，**空仓一旦走震荡结构，你会在上涨的过程中，受不了的**。因为这不像第一个阶段的反弹之后，我比较肯定后面有下跌，再涨市场是否会跌下来我不知道，我也不想冒这个险。而满仓操作，一旦走 ABC 结构，你没有补仓的资金，也会相对被动。所以**我建议买入，但只买一些，这就是平衡性的策略**。

关于操作，反弹的第一波都是做超跌股，超跌股会比别的股票涨得快，为保持底仓，涨了之后将超跌股换成中线股。如果市场再跌，就再次准备做超跌股，直到筑底成功。底仓的仓位暂时不要动了。

因为后面不管是震荡，还是ABC，我们都是要加仓的。在回避到两波大的主跌之后，加仓是我们下半年的目标之一。

期待华丽转身。

后配图(2015080501)

作者点评

我当时判断有两种走势，第一种是低位震荡，第二种是ABC下跌结构。因为不能排除低位震荡的走势，所以进行平衡策略来防低位震荡走势。

2015 年 08 月 09 日

确定性与操作

股市里最应该记住的三句话：①价格包容一切；②趋势一旦形成即将延续；③历史重复发生。

我先来解释一下，我本人是如何理解这三句话的。

1. 价格包容一切。一切政策、消息、基本面、情绪、环境，最终都会体现在股价上。价格已经涵盖了一切，这也就代表了我们可以完全不理会其他，单纯从价格上着手来分析市场，在原理上可行的。

2. 趋势一旦形成即将延续。趋势是一组具有相通特征属性的多个个体的组合。一个趋势的终结就是另一个趋势的产生，当它产生就会延续一段时间，直到未来再次被终结。某种意义来讲终结代表新生，循环往复。结构是寻找从鼎盛到衰退，结构本来是找“转点”的，跟趋势当时没有关系，但转点就代表了终结，是新趋势的开始。

3. 历史重复发生。你只要分析你就是在做预测，批评预测无用论的人，其实每天也都在做预测。因为就买卖而言，买入就是预测未来涨、卖出预测未来跌。无论是基本派、政策派、消息派、还是技术派，其实都脱离不开历史重复发生，你做的决策一定是基于在历史上曾发生过，然后你是根据历史的理解或经验形成了判断。同在阳光下，没有新事物，现在发生的事情，在过去已经发生，并且在未来还会发生。

今天我要说的核心是关于历史重复发生的，跟“确定性”相关。

历史的重复发生，关键是找对历史。市场很多时候是无序的，只有在特定的时候有基于历史重复发生为基础的统计学的概率优势。所以那些试图时时刻刻都要解释市场，并给出答案的人，其实在逻辑上是有严重错误的。

你看我写的东西，会看出来有些时间我说得并不很肯定，有时候我甚至直接说我不知道。因为**我从来都不认为明说自己不知道市场将怎么走，到底有什么好丢人的。**

但我每次在相对比较确定的时候，说得就非常肯定，我得到了历史重复发生为基础的统计学的概率优势(即便如此，我也常错，因为大概率本身就代表了小概率的必然性)。

比方说今年，我说得非常肯定的事有三件大事，这三件事我在 1 月份——2015 年上半年网络投资策略报告会上就明确描述，当时有超过 5 万人听过我的这场报告会。

1. 2015 年会有一波“断崖式”下跌。注意，我的形容词是“断崖式”，我当时做的解释是，极快而猛烈，短期跌幅巨大。

2. 我认为这次断崖式下跌的原因只有一个：信用交易滥用导致的交易踩踏。

3. 这次断崖式下跌，能够幸免于难的板块，我当时 PPT 用大大的“无”字来告诉大家，没有板块和个股能够幸免。

上面是我能够确定的，我不能确定的事情是这次断崖式下跌的起点，即到底从什么时候开始的，但是我知道引发或冲垮“上涨导致杠杆增加，杠杆增加导致上涨”这个模式必然不是一个小的调整。所以我把起点定在了日线级别的调整。

6 月 15 日是今年唯一一次形成了日线的顶部结构，因为日线结构自然引发日线级别的调整，从而冲垮模式。我当时明确确认，并声明问题的严重性，建议落刀砍掉股票，不开玩笑。

之后的下跌之惨烈，是在我意料之外的，但我提前有想到过，我在下跌没开始就建议准备好国家级救市资金，我预计到了可能会发生政策、舆论都没用，只有直接用钱进行市场干预。但我不确定一定会来，我是担心国家队会反应比较慢。这一次骂国家队的人都是弱智，国家队不入场，市场根本无解。国家队反应速度和决心都是一流的。

再之后，我比较确定的是：

1. 反弹力度会非常大。

2. 但市场不走 V 型反转，反弹之后会再下。

之后的走势，既然不走 V 型反转，到底是走震荡，还是走 ABC？到今天为止，我都不确定。

但是本周二，我们在回避了比较猛烈的 7 个交易日的下跌之后，我相对确定的是，我们要买了。虽然概率分析无法确定是震荡还是 ABC，但是如果是震荡，回到低位，不买就是踏空。如果是 ABC，低位买了，后面可能还有更低，但问题不大。

综合考虑，我建议买入。但我必须明确表示，我并不确定后面怎么走，我只是认为这个位置，我们要战略性买入，**战略性防震荡结构的形成**。

至于小周期，从浪形上看，如果周一上午是强势的，那么一个 5 浪的上升就算走完完整的浪形了，短期会出现反弹的高位，之后的下跌会持续一天多的调整周期。这是相对比较确定的，之后怎么走我不确定。

反弹的力度是弱，而不是强，这是比较确定的，周五中午说：这么涨不行啊。

如果真的走了C，那么问题反而简单了，C浪末期，大举买入，我比较确定，我还比较确定C浪不会像A浪那么快而猛。如果走震荡，这里应该上升，但还会下来，很长时间会反复来回震荡，只要排除C浪下跌，我确定我们还是要加仓的。

交易嘛，就是牛市的时候多参与，熊市的时候多观望，看懂的时候多下注，看不懂的时候，别装作看得懂。

作者点评

这是一篇好文。

本文的核心思想是在说确定性，市场不是所有事情你都能确定的，你要区分有什么是你能确定的，有什么是不能确定的。有确定性的时候再操作；没有确定性的时候，看不懂的时候，别装作看得懂。

2015年08月17日

提防二次筑顶

从指数的角度来讲，我建议大家重点观察深成指。上证指数过于大盘股化，创业板、中小板又过于小盘股化，深成指相对均衡，确定分析标的，很多复杂的事情就简单化了。

今天上午下跌的时候，日线的时间序列消失，如果消失我暂时无法判断市场的调整级别，所以我只能用分时线的结构大小来定调整周期。如果不是日线级别的高点，那么调整最多只能定义为 3 天。

昨天在博客里也说了，上周五 13:15 的高点，虽然也带 30 分钟的顶部结构，但级别小、对称性也不好，5 浪比 1 浪小很多，比 3 浪也小太多了，所以二次筑顶的概率还是很大的。

二次筑顶就代表了日线会出九转序列数字 9，同时带 30 分钟和 60 分钟的钝化。所以我上午说，中阴线反而后面小调整，如果收阳反而后面是大调整，不排除后面将有日线级别的调整。相对确定的，这周会有 3 天左右的调整周期。

后配图(2015081701)

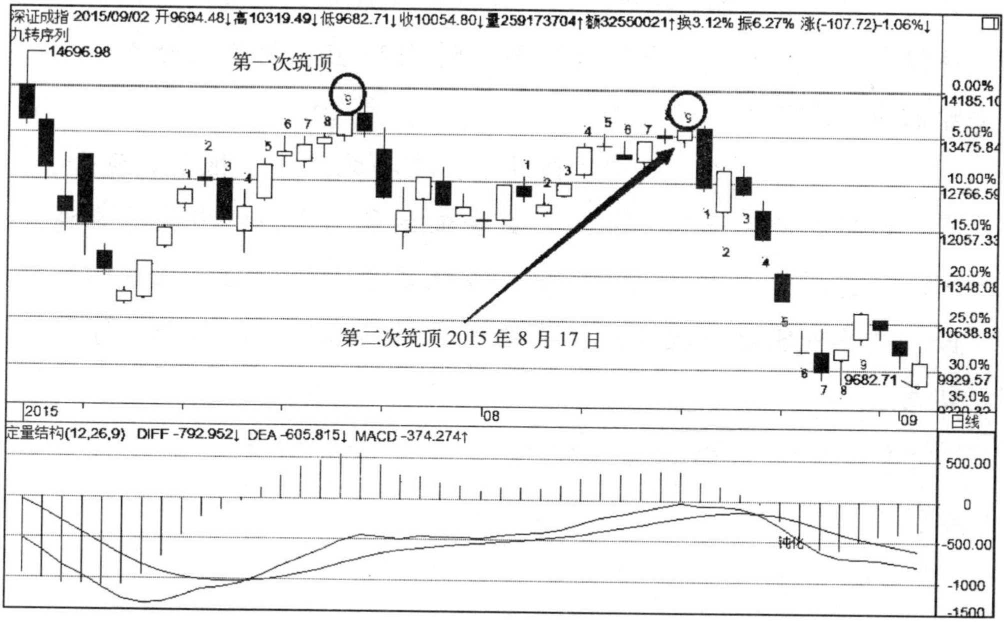

不管 3 天还是 6 天，这里会有调整。首先要确定下跌的起点，明天上午的 10:00 左右 30 分钟会再次钝化，60 分钟现在已经钝化了。所以要重点观察二次顶部结构的形成，一般来讲，**第二次要比第一次的筑顶概率更大**。

作者点评

这是我提前判断二次筑顶的一篇文章，没有任何的事后诸葛。原因是日线的九转序列高 9 和分钟线较大周期的顶部结构。

但逻辑推理的背后我始终有一个大的判断，就是市场不会再回到 5178 点了，其实道理很简单，股灾的第一波既然是杠杆踩踏，杠杆的强制平仓单大量出现。

强平，也就代表了大量的投资者没有机会翻身了，但凡有点机会的会保证自己的仓位不被强平，而被强平的都是保不住的。这些投资者不论机构还是个人，这次的失败是毁灭性的。他们已经被平掉了，并不会因为行情再回到 5178 点，他们就会再回到原来的资产水平。

没了就是没了，他们的钱没了，市场就缺少了很多的资金，资金回不到最高点了，指数怎么会回到最高点呢？当我非常清晰地认识到这一点，我的主要任务就是尽可能地给大家提示风险，并尽可能地去找高点，有些高点是精确的，而且绝不事后诸葛。

2015 年 08 月 19 日

定义当天阳线的性质

上午在最低点我找到了这个低点，在盘中同步分析提示里，提示了 5 分钟低点，并且提示了级别还不算小，原因很简单，背后带了一个 5 分钟的底部结构。

但我并不建议在这里操作，中午的时候也写了，**急跌抄底好比空手接飞刀，不是说完全不可行，你是有机会接到飞刀的，而是难度太大。要么接早了，接刀刃上了而伤到自己；要么没接到，总之风险大于收益不划算**。一般转势通常都带有降速，大部分的转折点都带有这个特征：先降速，再转势。

行情级别也分大小，别想把每波的行情都做了，赚小便宜吃大亏。比方说今天的这个反弹，我在盘中即时直播里也说了，从状态看也就 2 个小时，虽然空间很大，可是实现是看不出这种空间的反弹的，急跌在大多数对应的都不是急涨，所以今天的反弹，空间这么大，概率上是不常见的。

从 11:08 低点到 14:38，刚好两个小时，这是 5 分钟的底部结构，而顶部结构的时间级别是 30 分钟的，所以我看 3 天的下跌，当然 60 分钟也有结构，就是级别比较小。

暂时定义下午的反弹为下降途中的反弹。

后配图(2015081901)

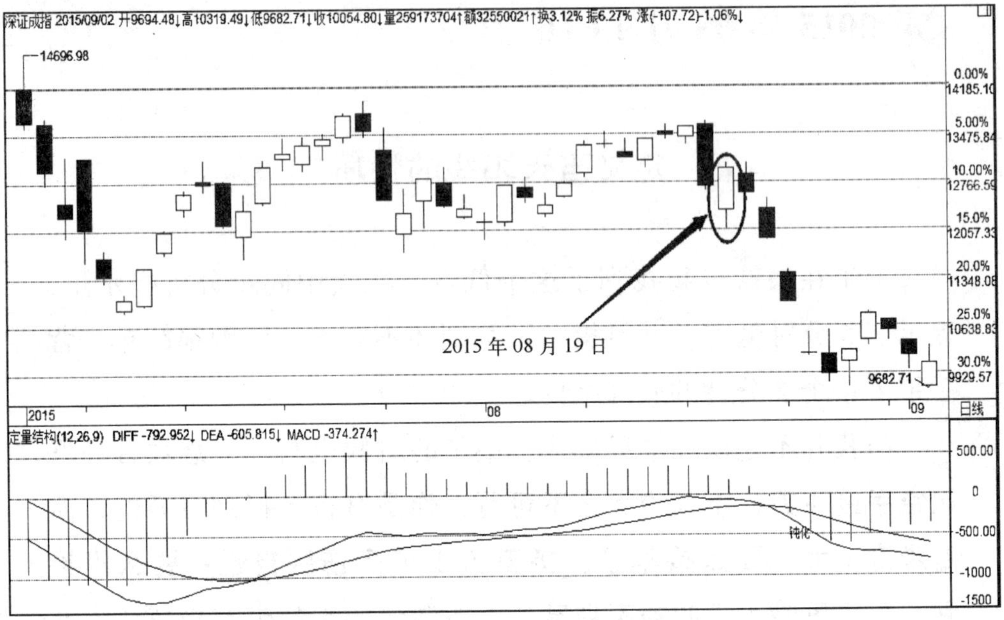

作者点评

急跌抄底好比空手接飞刀，前一个交易日是大阴线，大阴线也就代表了急跌，急跌的下跌速度很快，这好比飞刀扔过来速度很快，然后你空手去接。我们讲风险和收益比，这种事是风险远大于收益的，要么没接住飞刀，要么接刀刃上了。正确的做法是不去接，所以我常说，急跌不抄底，急涨不做空。

2015 年 08 月 23 日

将在 C 浪结束华丽转身

交易是一个过程，一个相对连续的过程。时至今日，之前从大方向上无法确定是震荡结构还是 ABC 结构，上周走完之后从目前来看，开始更倾向于 ABC 结构。

这我事先是不知道的，所以我采取了跟随性的短期分析。之前的不说，8 月 3 日的时候我也是不知道大方向上到底是震荡还是 ABC，但由于市场处于低位，并且在分时线出现了底部结构，如果是走震荡，空仓、轻仓就是原则性错误；如果是 ABC，你只要买的位置低、仓位轻，问题也不会很大。

交易不是赌博，你不能赌一定会走某一种走势，更重要的是应该寻求一种相对的平衡。假设你赌后市走 ABC，但 8 月 3 日那里的上升，上涨了 9 天，那 9 天随时都会冲击轻仓和空仓的承受力，到最后有很多原来看 ABC 的，开始逆转反过来看多，看多之后就会是追高。

之前我看这里的调整，看 3 天的调整，到 3 天之后我开始看 6 天的调整了，也即是说，至少周二下午之前还是下跌周期。这就是一种连续的分析过程，目前来说速度要比我之前想象得还快，上证指数就要创新低了。

一旦创新低，从严格意义的角度，那就是 ABC。

ABC 是坏事吗？不，之前都是小打小闹，一旦走了 ABC，将

出现非常大规模的买入机会。你要排除外界因素对你的影响，包括国际市场的走势，包括宏观经济、信息消息、基本面等因素，因为价格已经足以包容一切。

我们等了这么久，终极任务就是买回，它会随着 ABC 的形成而到来。

我们将在 C 浪末期，华丽转身！

后配图(2015082301)

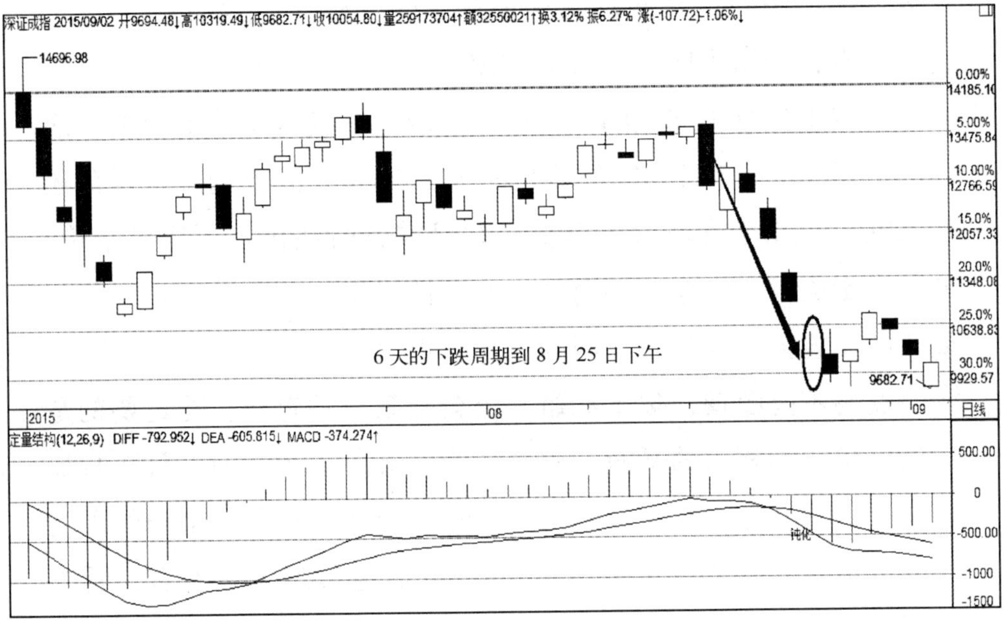

作者点评

这篇文章写于 2015 年 8 月 23 日周日，我重点说了两个意思：

1. 继续看下跌到周二下午，即当时的两天后的 8 月 25 日下午。

2. 如果创新低，则确定ABC结构，ABC结构跌完，将出现系统性机会。逃顶不是目的，如果不能买回，逃顶就没有任何意义。股灾以来我首次提示我将准备买回，我还起了一个很好听的名字——华丽转身。

2015年08月24日

下跌诛心

今天的大阴线可能击溃了很多人的信心，我曾经对于下跌说了四个字“下跌诛心”。不仅要跌，而且要跌到你彻底失望，哀莫大于心死，要跌到你心死，所以叫做下跌诛心。

而我给的对策也是四个字“练功收尸”。**修炼好内功：注重操作细节，把握周期节奏，控制投资仓位，保存资金实力**。练好功，你则心不死。最近一段时间，我们分时线的高低点把握得很到位，就是希望帮助大家能够修炼好内功，在如此恶劣的环境下生存下来。但练功不是目的，练功只是过程，目的是“收尸”，准备好收筹码，一些被市场错杀的筹码。

尽管“下跌诛心”和“练功收尸”不好听，但应对这波下跌，这个思路极为有效。

截止到今天收盘，五大指数全部形成日线的底部钝化(6月15日以来首次形成)，不管你喜不喜欢，请于今天之后随时做好买入前的准备，前面我只是说“期待”华丽转身，自今日收盘之后，我希望传达的信息不再是，“期待”华丽转身而是“即将”华丽转身。

请把资金重新调回股市。

我在上面日线顶部钝化的时候，给大家的两个字是“举刀”，这里的底部钝化，不再小打小闹，这里是大机会，从今天开始也给大家两个字——备战！

作者点评

8 月 24 日创了新低，证实了 ABC 结构，一旦证实了 ABC 结构，那么 C 浪结束就是大机会，这个机会并不是指针对 C 浪的，而是针对于整个 ABC 结构的，即存在 6 月 15 日以来的全部下跌结束的可能性。

从风险收益比的角度，C 浪结束的风险收益比非常好、特别好，但大家被下跌诛心了，跌得投资者毫无信心，我知道什么是正确的操作，我需要提前给大家建立信心。

建立信心的过程：首先是注意细节。尽管没有可操作性，但我还是坚持对市场的细节判断，如果能在小周期的细节上高点和低点判断的相对准确，那么大家对市场就会有信心。

其次是对大机会要重点提醒。“华丽转身”这四个字就是对整个股灾结束大机会的判断。

这两点都做到位了，做到极致，信心自然就会形成。

2015 年 08 月 25 日

强劲反弹

首先我要明确描述对明天的相对看好，我认为明天惯性下跌以后，市场将展开强劲反弹。

1. 空间 123 求 4，上一波股灾下跌的时候，每个波段其实空间是相仿的，用我早年所著《数字化定量分析》里所提到的 123 求 4，深成指空间定量在 10070 左右，我这一波一直比较低调，就是因为判断市场会下跌到这个位置，今天跌完市场已经十分接近了。空间的跌幅短期已经到位，后面即便是再跌，也是下一个波段的事了，市场将进入到反弹周期。

2. 各周期我仔细观察了一下，日线钝化、30 分钟 60 分钟没有钝化，但 15 分钟有，所以我认为 15 分钟形成一个带结构的低点可能性比较大。

3. 非常时期，不能按常理出牌，前些天证金概念股被称为王的女人，这里连续的大幅下跌，市场一点反应都没有，所以我有理由认为，王也在选择时机。选择时机就是择时，这个阶段我其实一直在给大家做择时，择时明显重于选股。而王，可能会出大招。

4. 我之前判断下跌 3 天，但从跌速又更新判断为 6 天，今天是第六天，**后面我看反弹，我认为会比较强劲，但这是空间的，时间只能判断为 1 天半左右的时间**，记得从起点算，别多买，日线结构形成之前，一定都是尝试性地买入，并做好退出准备。

原配图(2015082501)

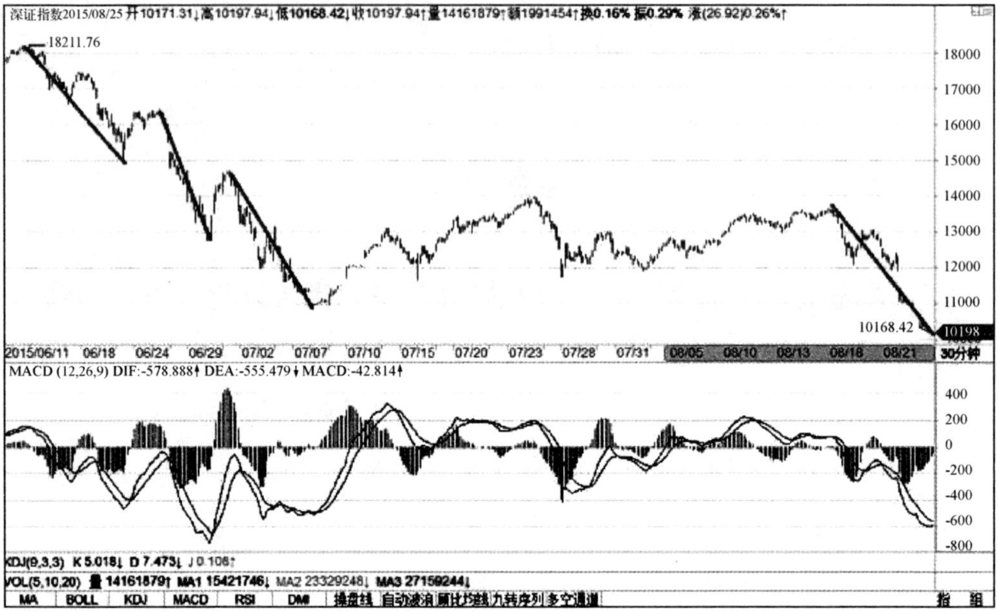

后配图(2015082502)

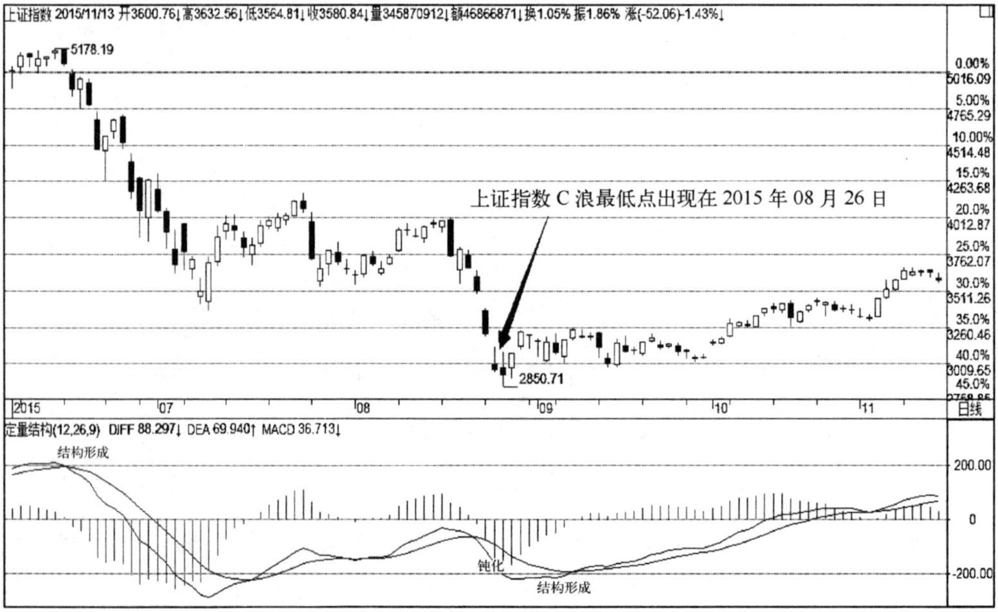

5. 想都不用想，目标肯定是超跌股。

6. 如果有变化，我会在盘中即时直播再做说明。有时候，练的是反应能力。

作者点评

写这篇文章当天是 2015 年 8 月 25 日，我先用空间定量得到了 10070 点，当天大盘是大跌 772 点，然后收盘在 10197 点，所以我判定大跌之后的次日通常会有惯性下跌，瞬间就会到位 10070 点，空间定量完成，空间的风险就会很小，由于连续的大幅下跌，空间上的反弹一旦出现就会是大幅而猛烈的。

除了空间定量，我还进行了择时选择，我认为次日 8 月 26 日在日线钝化的基础上，15 分钟结构形成是一个择时点。这是选择入场时机，用的是定量结构。

由于只有 15 分钟结构，日线虽然有钝化但当时没有结构，所以只能判断为 15 分钟对应的上升周期。每个结构形成对应的反转周期是这个周期的 24 倍，24 个 15 分钟就是一天半，所以我定义的反弹时间规模是一天半，用的是时间定量。

后来证明上证指数的 C 浪低点就是出现在 8 月 26 日，并且第一波就是两天的大幅反弹，从反弹空间、起涨时机、反弹时间，跟我提前做出的判断几乎完全一致。

事先我是如何思考的，如何推理的，如何判断的呢？才是这篇文章的价值。

2015年08月30日

交易的逻辑

今天我们来聊一聊，交易的逻辑。

上周一我让大家把资金调回证券市场保证金账户里，给了两个字“备战”，这似曾相识吧，因为我在6月上旬也同样让大家高度注意风险，并且也给了两个字“举刀”，6月15日日线顶部结构形成，手起刀落，躲过了股灾。

但躲过股灾不是我们的目的，作为证券市场的投资者，**交易者的逻辑是，所有不以买入为目的的卖出，都是要流氓**。嗯，因为我们是很正经做投资的，所以我们要始终想着把卖出的股票买回来。要正经，不流氓。

就具体操作的相关交易逻辑而言，系统性的交易跟直觉交易最主要的区别在于你的操作是否要有十足充分的理由，符合逻辑和存在可执行性，它决定了交易的稳定性。

我的交易思想就一句话——“趋势为王、结构修边”。趋势确保我们不犯原则性错误，但趋势太粗线条，过于粗犷。这段时间如果用趋势策略，就会反复挨打。结构明显地能解决这个问题，所以日线的顶部钝化的过程中，我建议举刀，毕竟那是当时一年以来首次形成顶部钝化，6月15日结构形成股灾开始。**结构要比趋势快多了，钝化是一个过程，而结构形成是一个点**。

不要管市场是如何看待目前的行情的，听市场的评论声音，我保证你会死得很惨。**交易不能靠眼睛，眼睛是滞后的，大部分市场评论，都是跌了看空，涨了看多。交易更多的要靠头脑，去思考未来**，我一直坚持独立思考，一直坚持判断未来。当然，判断未来的准确率不会特别高，但请你相信，未来要比过去重要多了。

6 月 15 日股灾以来，这里是首次形成日线的底部钝化，因为**钝化是一个过程，但从交易的逻辑来讲，这个过程很好，给了我们充足的“备战”时间**。

技术分析有三个前提：①价格包容一切；②趋势一旦形成及将延续；③历史重复发生。我是坚定的“价格包容一切”的拥护者，价格已经包容一切，不论是政策、经济、消息、基本面等，最终都会反映在价格上，包括股灾。

而**交易逻辑的另一个重要方面就是四个字“知行合一”**，即你怎么认知的，你就怎么行动。这波股灾我有个朋友，在证券公司当投顾，他跟我说：“你太厉害了，让我的客户按你的建议都跑了，但我没跑。”

我哑然失笑。

这是 6 月 15 日以来首次日线的底部钝化，那就代表了日线的结构是有可能在这里形成，一旦日线的底部结构形成，我一定会买入的。我曾经说了我将华丽转身，这一天愈来愈近了。

交易的另一个逻辑是，“大周期着眼，小周期着手”。虽然定了一个大的方向，但具体的操作我们要相对专业一些。我来解释一下过去的一周，我们做了什么。

首先我们进行了大战役的“备战”，即把资金调回证券保证金账户里。结构的周期级别，决定了资金规模。另外，我们还选取了战场，除了超跌股，我不会看任何其他的板块。我用统计学的方法，可以很负责地告诉大家，熊末牛初阶段，超跌股稳稳地跑赢大盘。

小周期着手，就是关于时机的把握，也叫择时。

这两个月，对我来讲是高度烧脑的季节。我在择时上是下了大工夫的，在小周期上不断反复提示高点和低点，无非就是告诉大家，那些地方可以买入，那些地方不能甚至要卖出。关键已经不在于买什么，而是什么时间去买，我这段时间采取择时和震荡策略，效果非常好。

战略的眼光讲，牛市的初期是超跌股的天下，中期和后期则是强势股的天下，所以你要准备好，将来会有从一个极弱的选股思维，勇敢地转到一个极强的选股思维里。当然这是后话，后面我自然有连续性的分析，还好我的分析一直持续着的，这体现了我做一件事情的恒心和毅力，如果我身体健康，我会一直写下去。

这波下跌，是走完了一个完整的 5 浪上升之后开始的下跌，我最开始判断的是 3 天的下跌，但随着下跌速度的加快，我就把下跌的时间判断到了 6 天。6 天之后，我决定小量资金抄底，但从浪形上这里是 4 浪反弹。

下面的逻辑有点复杂，大家好好看。

从交易的角度，3 浪比 1 浪下跌得快，而且级别大，通常后面是有 5 浪下跌的，但 3 浪这里结了一个 15 分钟的底部结构，即周四下午我在盘中即时直播里提到的那个结构。当结构形成，代表了交易的确定性。因为只是 15 分钟级别的结构，日线并没有形成，所以只能小量资金抄底。如果当时没有结构，我就放弃了，然后等 5 浪下跌。

但有了这个 15 分钟结构以后，我知道这里是可做的，只能先按 4 浪去做，最大的好处是，提防这个 15 分钟级别的反弹，把日线结构给带起来。可操作性上，应该在 4 浪结束的时候把买入的部分卖掉。所以上周五，我提示了把 30 分钟 MACD 参数调整为(5，34，5)，当 DIF 上穿零轴的时候，4 浪是最有可能结束的，我们应该先执行卖的动作。

从交易逻辑上这是要区分开的，做 4 浪反弹就是做 4 浪反弹，做日线结构就是做日线结构，一码是一码。

后面相对就简单了，如果有 5 浪下跌，我们再买；如果这里不是 4 浪，那么日线结构可能会在未来的“3 天”里形成，日线结构形成我们也是要买。也就是说，后面不管涨跌我们都要买，不管怎么走，我们都要买了。

5 浪形成，这里的卖出会让我们买得更低，5 浪不形成，日线结构形成，4 浪反弹的参与，能平滑日线周期较大结构形成时的空间滞后性。

日线结构形成，才是大举进攻之时，我们等了这一天等了很久了。我在 2015 年上半年的投资策略报告会上，曾经描述 2015 年有一波“断崖式下跌”，我们的任务就是一卖一买，逃顶我们已经做到，如果是底部结构买回来，我们将莫感欣慰。

当然我们不能排除后面是否有结构形成之后的二次探底，但**交易的逻辑不是这样的，我们无法预知以后，我们需要当机立断**。也就是说，即便有二次探底我们也会买，即便有可能要挨一刀，也愿意去挨。在结构形成的时候，必然出手。交易其实没那么复杂，还有一个重要的**逻辑就是，在看懂的时候，多**

下注。

看懂，就是大概率。而**逻辑上，大概率必然对应了小概率，小概率是一种必然**，你回避不掉。要始终保持沿着大概率方向走，始终坚持并具有恒心和毅力，然后在出现小概率的情况下，勇于认错和纠错。所以这一次，应该的逻辑是，勇敢抄底，错了再纠错，等待下一次抄底。

当然，在执行的环节，很多人会出问题，因为并非像我们能够高位避掉股灾，心态相对较好，他们已经经不起再折腾了，挨不起任何刀。**什么样的原因，导致了什么样的结果**，这我能理解。但很抱歉，我没有对策，因为从交易的稳定性来讲，客观真实的评价市场是我的职责。我，有一说一。

你可能因为各种原因而胆怯，你怕了这个市场了，希望本文“交易的逻辑”给你勇气和信心。

明天的太阳依旧会升起，机会将会到来，收拾心情，准备华丽转身吧。

作者点评

本文讲了八个逻辑：

1. 交易者的逻辑。在单边做多的股市里，所有的卖出都是为了更好地买入。股灾卖出也是一样，如果你不买回来，逃股灾是没有意义的。这是单边市里投资者的必然逻辑，所有不以买入为目的的卖出都是耍流氓，卖就是为了买。这个逻辑如果清晰了，不会涉及到买不买的问题。肯定买，要清楚地认识到肯定要买的，只不过是怎么买，在哪里买。

2. 交易要有一个准备的过程。钝化是一个过程，结构形成是一个点。从逻辑上来讲，有很多时候转折点出现的时候你可能不知道或没注意。钝化的存在就是提醒你要形成结构的转折点了，有一个准备的过程，这在后期我做数学的第二个阶段——可视化阶段是很重要的一个标准。定量结构里钝化就是准备的阶段，9转序列里6、7、8这些数字也是准备的阶段。

3.“知行合一”。这个词最早是明朝大思想家王阳明提出来的，但他的“知行合一”的“知”更应该理解为良知的知，我这里写的“知行合一”的“知”是认知的知，就是你怎么认知这个市场的，怎么理解的，怎么推理的，怎么形成交易策略的，就要怎么执行。看得懂和做得到要保持一致，这就是交易市场里的“知行合一”。

4. 大周期着眼，小周期着手。首先你要判断行情规模，大周期有行情才能判断出是大行情，但大行情也是起于小周期，细节做得好抗波动能力就强。你判断行情规模是战略上的，你怎么交易是战术上的，战略上要有眼光，战术上要有动手执行能力。

5. 当机立断的能力。交易不是事后诸葛，我经常看到很多人事后诸葛来取笑我或批评我判断错了，殊不知我是这个市场里为数不多的在勇敢地判断未来，判断未来准确率不会太高，但对于交易，未来更重要还是过去更重要？当机立断是一种能力，一种决策能力，一种对未来有信心的决策能力。

6. 要在看懂的时候多下注。市场是公平的，大多数时间里是没有概率优势的，是混沌的，在看不懂的时候不要装作自己看得懂。如果你等到了有很大的概率优势的时候，在看懂的时候，就应该多下注，下重注。

7. 小概率的存在是一种必然。没有小概率就没有大概率，也就没有了概率。坚持按大概率的方向走是没有错的，但要包容小概率的出现，你只有理解和包容小概率，才能应对小概率。坚持大概率，应对小概率。

8. 因果关系。什么样的原因会导致什么样的结果。如果之前做得比较好，这里的抗小概率能力就会很强；如果之前做得比较差，这里的抗小概率能力就会比较弱。我说我能理解，但需要客观地表达出来我对市场的理性判断，也许理性判断是因正确的操作，是果，这也是一种因果关系。

2015 年 09 月 06 日

别把股灾归咎于股指期货

周末，关于股指期货的消息铺天盖地，有太多的人@我，并让我谈谈关于股指期货的看法，因为我当年曾经连发几十篇文章直指关于股指期货机构多空失衡的问题，今天我有必要谈一谈这件事。

我曾经强烈指责过股指期货“机构”严重的多空失衡，并带有情绪地说那段时间的股指期货，将被牢牢地钉在中国金融史的耻辱柱上，但你若把股灾的责任归咎于股指期货，并以“这个名义”把股指期货钉在耻辱柱上的话，那将是“耻辱柱的耻辱”。

从严谨的角度，我们所有的推论都要有数据作为支撑，阴谋

论是站不住脚的。说股灾因为股指期货，我看了大部分文章，都是没有确切证据的，而且你不能证伪，**科学上讲不能证伪的都是伪命题**。这跟我当年提出期指多空失衡是两回事，当年我虽然没有官方数据，但我有证券公司的朋友，我采取抽样的调查法，去证券公司自营部调查机构做多的份额和做空的份额，然后汇总之后发现，竟然清一色全部做空，在调查的券商里，没有做多的。

所以我坚信当时这个地方是有问题的，因为研究国外的例子发现，国际上机构交易股指期货多空比基本都是“平衡”状态，即 1∶1 的关系，而我调查了多家证券公司后发现，竟然没有做多的，都是做空的，我当时就有疑问：你可以做得少，但为什么没有呢？券商的人跟我说，当时制度要求只能套期保值，根据我的判断，我坚信这块是出了问题的。

套期保值是一种行为，不应该是一种制度。

机构都做空，对手盘就是个人，个人打不过机构，期指又带领现货，所以那段时间股市常年跌跌不休。平衡机构的多空，让机构之间形成博弈，而非机构博弈个人，这样就能平衡整体多空，就能救股市。

我对中金所没有任何恶意，我还特意去了一趟中金所反映这个问题（中金所要给我报销机票和住宿，但我坚持自费，我希望保持自己的独立性，并能善意、平等、真诚地表达问题所在）。后来有些小摩擦，是因为中金所下面的人在官方报纸上发了几篇非常不专业的“洗白”报道，使我看不清中金所处理这件事的态度，所以相对言辞也比较激烈，但我确实对各方没有恶意。

再后来，中金所方面又联系了我，处理这个问题是比较积极并且中肯的，他们说了几个观点：①交易所并不是制度的制定者，制度的制定者是证监会，而且作为制度，需要一个完善的过程。这点我是认可的，毕竟股指期货是新产品，我也没有说马上就要解决问题，只是希望各个方面能积极推进这个关键问题的重视。②交易所要保证公平，交易所不能够去要求机构必须做多，交易所只能引导、鼓励，但无法强制机构之间形成平衡。③股指期货不像股票，它是双方向的，引导和鼓励也需要循序渐进，如果粗暴干涉，肯定会对某一个方向的投资者不公平。通过这三个结论，我判断中金所是非常有诚意和有态度来改善期指机构多空失衡的。

我曾经说过，只要看到了管理层能够重视期指机构多空失衡这件事，并积极推动这件事的解决，我就只字不再提这件事，以缓解各方压力。我履行承诺不再提这件事很久了，中金所后来为平衡机构的多空失衡，还是做了很多的事情，一些以资产配置为代表的小机构多头，就是在那段时间蓬勃发展起来的。后来的数据表明，机构多空失衡的情况有明显好转，之前机构多空是1∶49，今年6月份的数据，机构多空是1∶7左右，这些我都看到了。所以我坚信，中金所是一个负责任并有社会担当的公司。

请大家注意一点，我从来就没有攻击过股指期货，我说的是股指期货“机构多空失衡”；我从来没有建议过关掉股指期货，我建议过暂停股市和股指期货，因为我觉得可以停下来想一想后面的事，可以熔断当时的恐慌情绪。美国在股指期货刚推出来的时候，也有大量的声音把下跌责难归咎于股指期货，甚至上到美国国会的，但其后的几十年证明，股指期货是非常优秀的金融衍生品，在价值发现和套期保值两个领域都有巨大的功能，是金融市场上最伟大的发明之一。

我们目前经历的事情，跟美国经历的事情一样，股指期货面临非常多的质疑，而这次跟我上次完全不同，上一次我是对比美国找出“差异”性的地方，找出我们“错在哪”了，并且善意提醒管理层。**而这一次，股指期货是无妄之灾，凭什么把下跌归咎到股指期货上？证据呢？你们的专业水平在哪？就是因为股灾，随便找个来承担责任么吗？**

我在 2015 年上半年大型网络投资策略报告会上，曾经非常清楚地表达了 2015 年会有一波“断崖式下跌”，听过那次报告会的有 6 万多人，在那个时候，就明确指出，断崖式下跌的原因是因为信用交易的泛滥，并且对于这次下跌，明确写了两个字“无解”，即无法避免。

因为我们早已在上升中，用上升导致杠杆增加，杠杆增加导致进一步上升的逻辑埋下了“崩盘的种子”。我唯一支持刘姝威的就是她敢于说，在控制杠杆方面管理层做得不够好，并且敢于提出要事后追责，如果对待股灾我们随便找个理由来承担责任，那就是对过去的不负责任，未来再次出现杠杆泛滥怎么办？我在没跌的时候提出“断崖式下跌”也被好多傻 X 取笑过，而在现行体制里的人，谁愿意或谁有胆识去担当“还没有发生的”事情的风险控制呢？美国不也是出了“9・11”之后才重视反恐的吗？那些事后跳出来指责的人，你们怎么不在上涨的时候说这些话，给管理层提个醒呢？

尽管当时取笑我的人比较多，但至少我在涨得很好的时候是发过长篇文章的，来描述杠杆的泛滥会导致杠杆的踩踏，并引发“断崖式下跌”，还建议成立国家“超级基金”准备救市，还自嘲你们肯定觉得我疯了，涨得这么好，准备救市？以为我在那个时候已经想到了，政策呼吁可能没用，我怕管理层反应过慢。

所以这一次国家队的反应绝对是一流的，上一波如果没有国家队压住恐慌情绪，A 股市场同样是两个字“无解”。国家队不入场，A 股就完了。完了你们知道是什么意思吗？一方面没有人接盘，一方面强平单会“不计成本”，下跌传导到实体经济，后果非常可怕，没有人能够独善其身。

临危受命，肯定细节有考虑不到的地方，比方说国家队应该把资金归到一个账户，别分开分配到各证券公司，而且操盘手一定要封闭，切断他们一切的外界联系方式。但股灾这些年我也是第一次见到，理解永远都好于抱怨。

我今天说这么多，就是为了替股指期货说句公道话。本次股灾根本原因是，信用杠杆滥用的必然结果，深层次的原因是“多空失衡”，从两融、场外配资、伞形信托等信用交易里，做多的跟做空的出现了严重的“失衡”，竟然没人管。所以我认定会有股灾，并且认定股灾的原因是杠杆滥用的踩踏导致，我从头到尾，从过去到现在，都是一样的结论。

平衡、平衡、平衡，重要的事情要说三遍，平衡是未来的关键，希望管理层能够具有大智慧，注意到这个核心问题。

那么上周大幅限制股指期货的交易手数，和大幅提高交易股指期货的保证金，很多人理解成为发难股指期货，其实是不对的，我认为此举的目的是意在第二次救市。

我曾经说过我永不做空，这次股灾我预料到了，并且在 6 月 15 日日线顶部结构形成进行了时间的精确确认，我只防范系统风险，我没有做空，一丁点都没做。即便我没有说过我永不做空这句话，我也不会做空，我不会发国难财，这是需要一定的信仰的。

尽管在一群做交易的人中，利润才是上帝，信仰就是狗屁。我也完全相信，是有一部分人，是想发国难财并且有些正在发国难财的。不管是暴涨还是暴跌，只要有波动，股指期货就有财富，只要有财富，就会有人蜂拥而至。所以限制仓位，其实是限制市场情绪，不要过分集中，这是其一。

其二，第一次救市，国家队也知道小盘股爆炒之后位置高，但当时救恐慌性必须救小盘股，小盘股那时候已经没有买盘了，开盘就直接全线跌停。如果小盘股这里再次出现那样的情况，我保证国家队还会再次出手救小盘股的。**亏损的战略级别要远远小于防范金融危机，那些说怕亏不救小盘股的说法非常低级，目前没救是因为小盘股跟上次不一样，救市救的是群体行为的恐慌情绪蔓延，而非下跌**。

其三，资金是有限的，好钢也要用到刀刃上。上一次救市很多公司申请停牌，形成了千股停牌、千股跌停、千股涨停的千古奇观。但至少有一点，国家队默认了减少流通体量情况下实施的救市，所以这次股指期货的限制手数和提高保证金其实是一个道理，减少股指期货交易的体量，没准本次将从救股指期货开始。

救股指期货之日，也许就是大盘筑底之时。

作者点评

几年后，我看到了一句这样的话：“至高的忠诚，只给至高的道德标准。”

从我不提股指期货机构多空失衡这件事，就有人说我被“和谐”了，其实我本意就是提出问题希望相关部门重视，如果能够看到重视和诚意，这件事的目的就达到了，都是为了资本市场更好、更健康。我既然答应过，如果看到了解决这件事的诚意，我就不再提这件事了，承诺是金。

我说过永不做空，我会用一生去遵守这个承诺；我说过不发国难财，也会用一生去遵守这个承诺。信守承诺是一种道德标准，事实求是也是道德标准，股灾的根本原因不是股指期货，我很反感阴谋论的。

至高的忠诚，只给至高的道德标准。

我要为股指期货说句公道话。

2015 年 09 月 07 日

慢牛才是王道

今天的收盘价格是 3080 点，一年多以前是 2000 点，2000 点一年多的时间涨到了 3000 点是不错的啊，假如我们不看过程的话。可过程呢，非常的残酷，它不是慢牛，不是从 2000 点慢慢地涨上来，而是用快牛迅速地涨到 5000 点，再从 5000 点跌回来。

我曾经不止一次地建议中国股市最佳的方式是走慢牛，让绝大多数人在绝大多数的时间里能够轻松盈利。中国的房地产市场就是这样的啊，这么多年一直涨，上涨形成了巨大的信心，这中间也有房价下跌的时候，但抄底资金因为信心强烈而非常踊跃。

美国股市也是这样，2008 年以来走了 7 年的慢牛，绝大多数的人在绝大多数的时间里，买股票是能够轻松盈利的。因为长期牛市嘛，而要想保证长期牛市，也只有慢牛。快牛，就不会长期，这个道理很简单。

咱们 A 股，要么长时间不涨，要么一涨恨不得把几年的涨幅都涨完了。大多数人在股市里赚钱都特别难，因为是快牛。底部不敢买，敢买的时候，快牛嘛，牛市很快就要结束了，最终绝大多数人逃不掉被套的命运。我常做假设，**假设我们是慢慢地从 2000 点涨到现在的 3080 点，而不是从 2000 点涨到 5178 点然后再回到现在 3000 点，这样的股市该有多好**。

历史不会被改写了，但未来呢？这次行情算跌下来了，日线的底部结构很有可能就在本周形成，请大家寸步不离盯在市场上，结构形成，我会提醒的，股灾也终究有一天会结束，市场信心会重新恢复。

当我们重新来过的时候，希望管理层好好研究一下美国道琼斯的走势，那种慢牛的大环境下，信心十分强大，中间的急跌、大跌，都不需要救市，抄底盘就解决了市场问题。

慢牛才是王道。

作者点评

从 2000 点涨到 3000 点是上涨 50%，时间是一年零三个月。

听起来不错吧，一年50%的涨幅，傲视全球了吧。

如果是慢牛，虽然慢但天天牛，连续涨一年零三个月，那是幸福。

可是先涨到5178点涨150%多，再大幅回落到3000点，对于很多人来讲，那就不是幸福而是噩梦。

2015年09月08日

华丽转身

周日的时候我写过长文，说限制期指其实目的很简单，就是要缩小期指的体量，然后救市啊。IC连续两天大涨，而且都是期指表现非常强，期指既然是先行指标，比现货反应快，那么救期指就能救股市。缩小期指的体量，意义在于减少救市的资金投入，在贴水如此严重的情况下还安全，没用什么钱，救期指一两拨千金，简单、有效！这次救的非常聪明！

当然，这不是我今天要说的重点，今天要说的重点是，日线级别的“底部结构”今日正式形成，全年这也是“第一次形成”。我们6月15日形成日线顶部结构的时候，建议大家手起刀落(之前在日线顶部钝化的一周里，建议大家把刀举起来)，这里几乎是完全一致的逻辑，我提前一周让大家把资金调回证券保证金账户里，备好资金干什么？六个字“准备华丽转身”。

今天日线结构形成，所以今天去掉“准备”，正式华丽转身！

我在中午的时候，看到成交量非常的稀少，市场走得很沉闷，我就有预感，今天可能会杀大家一个措手不及，所以中午的博客我干脆以“打起精神来”作为标题，这个日线结构就出现在了这样一个死气沉沉、毫无生机的上午之后的下午。

意想不到吧，事实证明，最佳的效果就是最意想不到的时候，机会总是留给有准备的人的。

至于后市，因为这里的跌速还是比较快，所以在分析上我并不排除会出现二次底部结构。但在交易上，我们不能去等或期待有二次探底。这里既然形成日线结构，就应该第一时间反应。这是对价格包容一切的尊重。

后配图(2015090801)

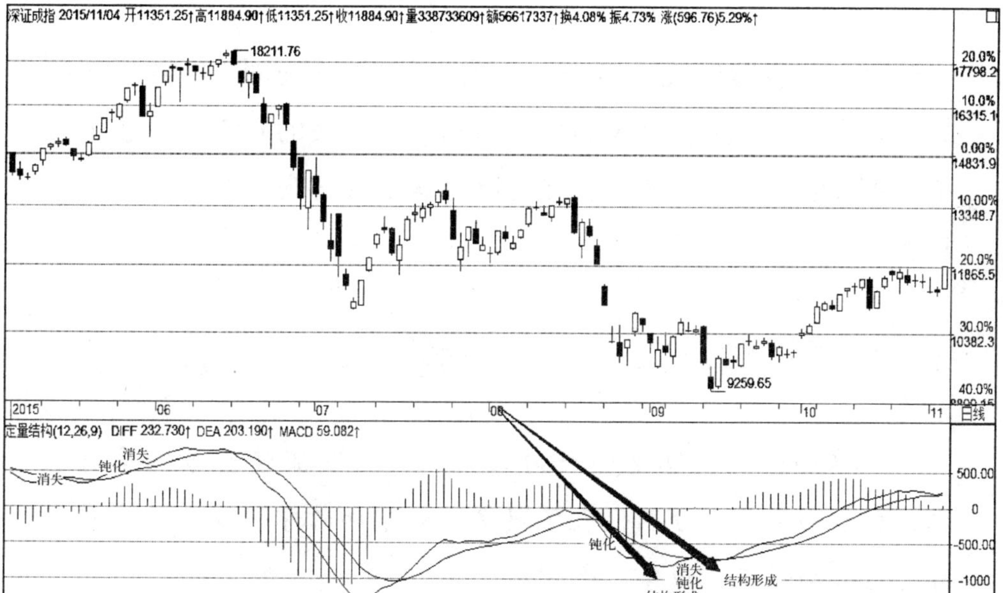

后配图(2015090802)

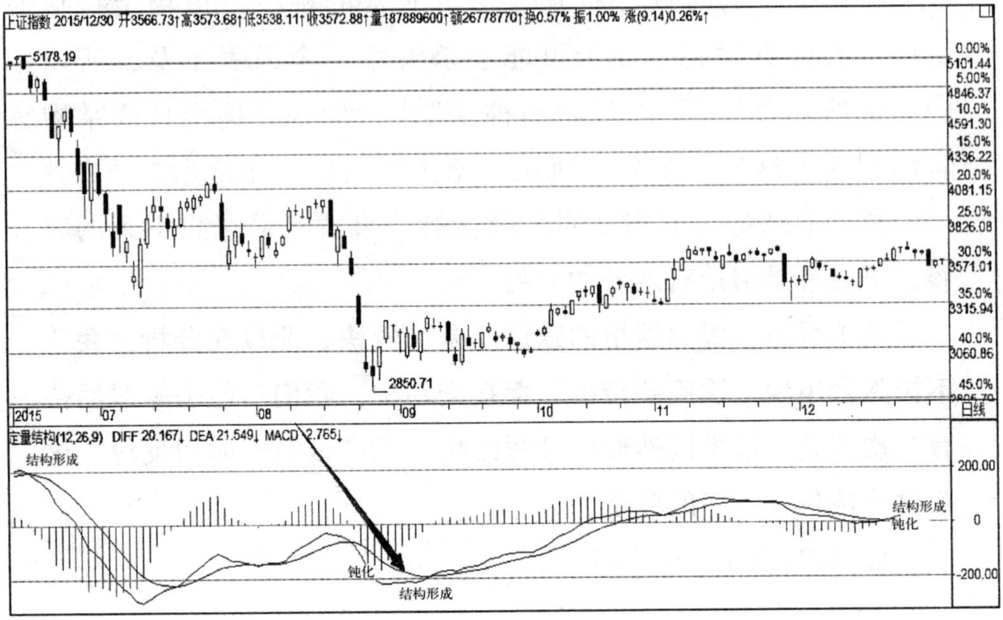

2015 年我曾经说过有一波非常猛烈的“断崖式”下跌，而我的任务是一卖一买，今天的日线结构形成，我的心终于算放下来了。**曾近期待的华丽转身，在经历过这么多日夜的等待之后得以实现**。

作者点评

我曾经多次说过这样一句话：人类文明流传至今，唯有艺术、科学和宗教，分别代表了现象、数学和哲学。我认为交易也分为这三个层级，现象、数学和哲学。

这三个层次是递进的关系，我之所以能够在这些年里迅速被市场认可，主要的原因是绝大多数人(95%以上)，还停留在现象层级，他们会被涨跌影响，还在研究各种现象，金叉、死叉、放量、缩量，而我已经在层级上很早就进入到数学领域，也就是说我很早就清楚我的整套交易思想是领先绝大多数人的。数学领域分为三个阶段：第一个阶段是量化阶段；第二个阶段是可视化阶段；第三个阶段自动化阶段。

请注意，数学领域的每个阶段并不是你定量了就能进入到量化阶段，图形化了就做到了可视化阶段，编个指标程序化交易了就是自动化阶段，而是需要你每一个阶段都有建立在强大的思想上，没有思想基础的数学阶段是伪的。

我在第一个阶段做的事是大多数量化的方法，就方法本身是有哲学基础的。但量化可能会有多个解，可视化其实是为了解决“唯一值”问题。也就是说，我是刚好在 2015 年解决了可视化问题，请注意在数学领域解决“唯一值”问题是个大命题。为了解决这个大命题，呵呵，可是花了我巨大的时间、资金和精力，直到我拥有了强大的产品研发团队。我也是这几年才开始进入到数学的第二个阶段，可视化阶段。

2015 年股灾阶段表现得极为神勇，要感谢在关键时期进入到数学的第二个阶段。在这里也感谢我的学员，有很长一段时间学费我全部用来研发，注意我的形容词，全部 100%，我是没有任何讲课收入的。并且我将研发成果免费给我的学员，今后在我能力范围许可之内，我会尽可能的免费下去。我来用产品武装学员以增强他们在这个市场里的竞争力，这是回馈和感恩之心。

定量结构的可视化过程就很复杂，首先是确定表现形式和量化标准，里面涉及了非常多的循环运算，我们研发了很久，第一次有雏形的时候还是很开心的，但因为运算量巨大，导致这个循环运算开启后影响整个产品的运行速度，后来我们直接写进底层源代码里，将速度提升了几十倍，才有了现在的定量结构。

它解决了结构的“唯一值”问题。请不要误会是高低点的唯一值，而是结构定量标准的唯一值。比方说什么时候结构形成呢？我之前也给学员详细讲了结构的量化标准，我自己认为讲得很明白了，但不同的人用同样的方法结果还是不一样。后来产品化了之后，我就直接在行情的下面标注“结构形成”四个字，就是在如何量化结构的定量标准上你再不需要纠结了。

但并不是行情高低点的唯一值，筑双底或双顶的时候很多，出多次结构的情况也很普遍。这也是本文所说，不排除二次筑底的可能性，而本次刚好能体现这个观点，深成指是出了两次底部结构的，而上证指数只有一次，看图。

我用这个方法成功逃掉股灾，再用同样的方法于 2015 年 9 月 8 日成功买回来，华丽转身。

2015 年 09 月 13 日

历史形成概率优势

做市场分析，其实就是研究历史重复发生，基本面分析、技术面、消息面、政策面其实都是这样的原理。你**不管用什么样的**

分析方式，历史一定出现过，并取得了正相关的记忆，基于此你判断未来。如果抛开历史重复发生，你就失去了分析判断的性质、意义和基础。

研究历史的意义在于，给现在进行可能性的概率分析，行情里基本没有什么是可以肯定的，统计学上来讲，研究的就是概率优势。巴菲特曾经说过，**在别人贪婪的时候我们恐惧；在别人恐惧的时候我们贪婪**。这句话其实就是跌的疯狂时候买，涨的疯狂的时候卖出，如果你想做价差，想做高抛低吸，**如果不考虑时间因素，这句话几乎是无懈可击的**。

我曾经建议大家关注中央登记结算公司的开户数，最好能生成曲线，开户数最低的时候，就是筑底的时候；开户数最高的时候，就是筑顶的时候。在过去的十多年里，这也几乎无懈可击。

这些个“笨”方法，也是研究统计学的概率优势。美国很多大师级的人物，如格雷厄姆、利弗莫尔等，都是靠概率优势在大概率上起家，但也最终死在了小概率上，那就是 1929 年。

小概率是无法避免的，因为没有小概率就没有大概率。美国长期资本管理公司，连续 20 多年都是盈利的，但在第 21 年死掉了，老大自杀了。**大多数人损失，并非是因为贪婪和恐惧，贪婪和恐惧是人性，每个人都有，无法避免**。**大多数人损失是因为自信，你觉得你行**。我常警示自己，要想在这个市场里长久地生存下去，要始终保持对市场的敬畏，这一点，一直常年恪守，不敢雷池半步。

但敬畏之心，对市场的尊重，并不代表了我们一定要谨小慎微、如履薄冰。相反，在重要的位置，我的文字你们会发现是极其强烈的。这次股灾，我提前说了好长时间有“断崖式下跌”，并且股灾前一周，建议“举刀”，日线顶部结构形成，建议“手起刀落”。前些天建议“备战”，日线底部结构形成建议“入场做多”，华丽转身。这并不是对敬畏之心的不尊重，相反，**当你在大周期上有概率优势的时候，最直接的方法就是增加投入，这是对大周期、对市场的尊重**。

当然，你一定会在未来的时间里遭遇“逆境”，然后会让你出现各种行情的可能性，比方说：

1. 大盘一定是 ABC 吗？为什么不是 123？后面肯定没有 45 吗？

2. 60 分钟线来讲第二波下跌，明显呈 123 的下跌，并且 3 大于 1 很多，60 分钟线没有 45 吗？

3. 你说 15 分钟线是 4，调整完会有 5 浪上升，不会直接跌下去吗？

这些问题我几乎每天都会遇到，首先从概率上，我根本就不能否认任何的概率，但我一直坚持以下两点：

1. **坚持走大概率的方向，这个需要长时间坚持，小概率的时候，认错纠错**。

2. 坚持走时间轴概念，所有的可能都会在时间轴上形成先后顺序，比方说日线结构形成就是先形成的，形成我们就要反应。之后呢？比方说上面的三点，15 分钟的时间要优先 60 分钟，60 分钟要优先日线。我们没有必要去分析每一种的概率，而是应该分析在时间轴上最近的。

就是我说的，**拿着手电，照一米，走一米**。

行情上，我还坚持，这里没有井喷，甚至在未来相当长的一段时间里没有井喷，震荡上行将成为主旋律。

未来竞争的核心是四个字——“节奏、选股”。

作者点评

本文大部分加重内容是值得深入思考的，我在前面提到过交易的三个层级：现象、数学和哲学，虽然这三个层级确实是由浅入深的，但并不是必须经历第一个层级才能到第二个层级，必须经历第二个层级才能到第三个层级。

世界上最著名的投资大师，也是我最钦佩的投资大师，其中的一个是大奖章基金的西蒙斯，他做投资之前是数学教授，我估计直接从第二层级开始的。另一个是索罗斯，他是意外在图书馆接触了卡尔波普尔的哲学，而直接从哲学第三层级开始的。

这至少对我很重要，因为我不需要非得把现象搞明白才能去搞数学，数学搞明白才能去搞哲学。我在现象领域停留的时间非常短，但这些年我一直在数学领域深耕，但我会一边研究数学领域，一边去接触和学习哲学的应用部分。

目前我还没有形成自己交易领域的哲学体系，但随着年龄的增长和对市场认知的增加，应该会逐渐形成自己的哲学体系吧。

2015 年 09 月 16 日

确定性和空间的关系

昨天的博客是写在连续两天千股跌停之后，我就是怕市场来这么一招，所以先给大家提个醒，包括今天中午，低位的杀跌其实并不可怕。这会很出人意料，但重要的是你是否提前有所准备，提前想到了这一点。

对于空间和确定性，那些说没有在最低点买进的人，根本就不懂什么是交易。我反复说了，**空间和确定性是成反比的，即你追求空间，确定性一定不好，你追求确定性，空间一定不好**。这是难以两全的。

从交易逻辑的角度，我们在下跌趋势里，自然确定性是排第一的。如果不考虑确定性，只在乎空间的话，你早就死在下跌里了，怎么会一直等到现在？所以，为了增强确定性，我之前就定了，日线结构形成，我们买进；结构消失，我们卖出；日线结构再形成，我们再买进。这都是冲着确定性而来的。

这么做最大的好处是，我们来做一种假设，假设日线结构形成，从这开始大波段日线级别上升，你没买就踏空了，届时你会非常难受，越长你越难受。不买，怕继续涨，买了怕出现回调，尤其是在已经涨了的情况下。

假设日线结构是失败的，后面出现了一个波段式的下跌，你死守认为日线结构的买入就肯定对，不卖出，那么一旦遇到一个新的阶段式下跌，你可能躲了过第一波、第二波，但躲不过第三波、第四波。(6124 点是呈四波下跌)

你即便躲过了这里的下跌，未来呢？你的交易生涯一定会遇到“极限行情”，就是那种根本超过你的承受极限的那种行情。1929 年美国崩盘，巴菲特的老师格雷厄姆，《股票大作手操盘术》的主人公利弗莫尔，都是死在了极限行情里的抄底上。

这一波股灾，死了多少，大家是有目共睹的。

我认真地思考过这句话，新手死在追涨上，老手死在抄底上。

考虑过之后，我还是要抄底，但我给自己建立了标准，就是上面的标准，结构形成我抄进去，结构消失我出来；再形成再抄进去。这样做的好处就是上面的两种假设都没问题。

下跌，套不住你，筑底，甩不掉你。这是最成熟的方法。

不要太不介意买的位置，因为你一旦介意位置，确定性必然丧失。这波要不是遵守确定性，只在意空间的，根本等不到现在。而现在来讲，关键就是抄底抄进去，并且在风险可控的范围内。这就代表了确定性一定是第一顺位。

抄底而不死，才是我追求的。

另外是关于交易意识的，昨天大跌后，能想到抄底的，我个人认为都是具有交易意识的。还有就是我发现昨天好多人太悲观，其实高位杀跌是为了套人，低位杀跌是为了骗筹码，我经历过，所以我知道。关键的时候，还是要勇敢站出来给大家信心和勇气。

不为别的，2015 年股市，生存不易。

望大家能更积极乐观地看待股市吧。

作者点评

一有抄底不对的时候，就有人事后诸葛说风凉话——老手死在抄底上。你知道为什么你听过那么多道理，却依然做不好这交易吗？就是你听过那么多的道理，却不曾深入思考过，只是拿来取笑别人了。

确定性和空间是成反比的，你想买得更低，但越是想买的低，确定性越不好，因为越不确定你能否买到。而你把握了每一个重要的具有确定性的低点，尽管这是最大概率能做到最低点的方法，但也是大概率不是最低点。这段请深入思考。

最正确的方法是，确定性加纠错，即抄底而不死。

别人笑我太疯癫，我笑他人看不穿。不见五陵豪杰墓，无花无酒锄作田。

2015 年 09 月 17 日

建立反转的交易意识

大盘这几个月跌下来，几乎所有的上涨都是反弹，做反弹做习惯了吧，我看很多人都在研究今天怎么跑。

从以往经验来看，当一个事情重复的次数多了，并形成惯性规律，就代表了即将被打破。也就是说，你用反弹对待市场，总会有一次卖出你买不回来，你不能确定是哪一次，所以大家要仔细想想这个逻辑。

一个习惯的形成，最终的结局就是为了将来有一天打破它。

所以我多次跟自己说，要建立起反转的交易意识，日线的顶部结构卖出，就是等这一天日线的底部结构，华丽转身。如果是反弹，有什么理由转身呢？

转身的意思是，从日线的底部结构之日起，防守转为进攻。

作者点评

一个惯性的形成，其结局就是将来有一天要打破它，终结它。这是个必然的逻辑，但难点在于很难量化，惯性是在什么时期终结。有时候我需要提前想很多类似这样的情况，惯性会在什么时候被终结，我应该怎样应对。提前于惯性终结之前意识到它将被终结，我管他叫做“交易意识”。

后来我不怎么提了，是因为被一些人玩坏了这四个字。

我心疼这四个字。

2015 年 09 月 17 日

宽容与理解强于抱怨和指责

深夜，久不能眠，其实我经常深入思考，我们的股市问题到底在哪里，未来又在哪里？

之前我就股指期货“机构多空失衡”这件事，曾经向中金所和中国证监会写过信，还特意去过中金所，很多人可能还记得那件事，当时还是受到过很多非议的，“不自量力”成为我看到的最多的一个词，当然更多的是鼓励和支持。大家的支持给了我很大的精神上的帮助，最终我的诉求得到很高的重视。

再说这次股灾，自始至终我从来没有指责过管理层，原因很简单，如果你是管理层，你希望今天的事情发生吗？这种结果肯定并非所愿，问题出在现行的体制里，谁愿意或谁有水平去担当“还没有发生”的事情的风险控制？美国也是“9・11”之后才重视反恐，重视防患未然的。

那些事后指责管理层的，你是否在上涨的过程中，做到了把风险给管理层提个醒呢？如果你没做到，那么你凭什么指责？你没有资格。可能有人会反问：“那你有提醒过吗？”是的，我有。

第一，我曾很早就正式提出中国股市会有“断崖式下跌”，并且明确表述断崖式下跌由于杠杆滥用形成的连锁反应杠杆踩踏导致的。其实行情上涨导致杠杆增加，杠杆增加再导致行情进一步上升，这个逻辑“早就埋下了崩盘的种子”。这跟美国次贷危机很像，价格一直涨，则一直没有问题，一旦价格不涨了，高杠杆的生存模式就被改变，就会争先离场而导致杠杆踩踏，到后期就是系统强平，强平单再引发多空失衡，价格暴跌。前些日子的崩盘已经无法避免，只不过是崩盘的级别大小问题，如果早点注意到这个问题，下跌的力度会小一些，这个我想大家看过我的文章都知道我很早就指出这个逻辑。

第二，有些事大家知道，有些事大家不知道。我曾于今年4月份打电话给中金所领导，非常正式地向他反映过这个问题，并提出希望他能转达到中国证监会肖主席那里。（我既然敢这么说，就证明确有此事的，希望有一天中金所能证明我此言非虚。）其实我找中金所领导也很简单，首先因为我草根出身呀，级别不够，无法直接对话肖主席（跟中金所也是不打不成交），就算对上话了，也不一定会引起他的重视；其次这事跟中金所是有关系的，如果暴跌，股指期货很难不成为众矢之的，美国股灾股指期货也是这样，都上国会了哦。

当然我并不知道，是否转达给肖主席，我已经尽了最大的努力给管理层提醒了，所以我说我有，没问题吧。我的执行力，可能比你们想象中要强。股灾还是来了，我前面提到过，这几乎无法避免，也就是说，股灾是必然的。但我也不觉得大家要去指责谁，杠杆滥用会引发杠杆踩踏这件事我们之前没有经历过，逻辑推理虽然能行得通，但没有发生就代表我不能证明它的存在。而它发生了，埋怨、指责就已经没有意义了，宽容和理解，研究怎么救市也许更好。那段时间真的挺惊心动魄的，国家队出手接住了强平单，如果国家队不出手，A 股就完了，完了你知道吗？一方面没有买盘，另一方面强平单不计成本强行平仓，多空平衡瞬间打破，不是价格跌到哪的问题，而是市场会失去定价机制。股票完了，会马上传导到实体经济，后果非常可怕，没有人能够独善其身。所以我曾说，骂国家队的，都是脑残。

我知道这么跌大家心里是有怨气的，但还是希望大家对未来要有信心，指数一定有机会再涨回去的，耐心点。

我要格外强调的是，股灾是因为杠杆泛滥导致的，如果将股指期货钉在股灾的耻辱柱上，那将是“耻辱柱的耻辱”。做空工具不应该为股灾买单，相反，A 股的问题不是做空工具太多，而是做空工具太少。

你们见过美国股市涨所有股票一起涨吗？你们见过香港这样涨过吗？但在 A 股就是这样的，不管好公司还是坏公司，今年的上半年，全涨。上涨就有巨大的利益，讲故事、炒题材就变成了上市公司的把戏，上市公司跟资金方关系暧昧，联合炒作，整体缺乏诚信，不以回报股东为主，而是炒作之后高位套现为目的。

这招怎么破？

在美国，也有上市公司或中概股这么玩，但被美国的做空机制打得落花流水。中国为什么不能有做空机制？让市场自己来解决市场的问题，让做空机制收拾他们。有了成熟的做空机制，市场就不会只发展做多的杠杆，不发展做空的杠杆，就不会涨这么猛，不涨这么猛，也就不会摔得这么惨。

做空机制对于上市公司就好比一个筛子，把好公司烂公司筛出来，鼓励上市公司去努力为股东创造价值。我们现在的上市公司整体缺乏诚信，因为没有做空机制，大的市场环境成为了“鼓励坏孩子”的场所，这对好孩子也是一种打击。

所以我非常坚决反对关掉股指期货，如果有一天我们真的关掉股指期货了，那将是一种倒退。

致中金所：

1. 我之前反对的是股指期货机构多空失衡，并非反对股指期货，相反，我非常肯定股指期货的作用。如果你能够证明股指期货并不带领或导致股市下跌，那么股指期货将会有长期健康的发展。但很明显，期指不套保，机构卖现货，大盘跌得更深的说法是站不住脚的，这是一个错误的方向。

2. 股指期货机构多空失衡的问题有所改善但并没有解决，只是被更大的两融不平衡所带来的暴涨掩盖掉了，去杠杆之后，我担心这个机构多空失衡的问题会再次出现，并导致市场下跌，那时将更难说清楚。

3. 这点最重要，7 月 2 日贵司公布的分类投资者持仓情况显示“五大机构——券商、基金、信托、保资、QFII”——套保机构做空量 177337 手，占整体做空总量的 55%，而五大机构只做多

18429 手，多空比是 1∶10，虽然较最初的 1∶49 有明显好转，但还是严重多空失衡。贵司可以做一个模拟实验，你会知道 177337 手的机构空头和 177337 手的个人多头是无法形成平衡的，因为个人人数众多，难以像机构一样方向一致，多转空的概率极大，机构套保的所占比重太大，市场会偏空而不是平衡。

我曾经建议两融未来采取多空平衡策略，没有足够多的融券，就不能放开足够多的融资，让多空形成平衡，让市场来管理市场。道理一样，股指期货没有足够大的投机，就别放太大的套保。建议中金所建立数据研究部，多研究和分析各种相关数据，建议套保比重从 55%降到 10%以内，然后测试市场的承受力和行情波动的正相关性。

4. 这次股指期货被大幅限仓，我认为也是一种"实验"式的，未必是坏事，既然是实验，现在已经没有流动性，套保功能也基本武功全废，就刚好实验一下反向效果。我认为现在刚好是搞反了，应从"限制投机，不限制套保"，改为"限制套保，不限制或少限制投机"(可以限制最大开仓数，以增加恶意操纵的难度，但不限制交易次数)。降低套保对方向的影响(投机是大量的个体，大量的个体很难形成一致性的群体行为，所以不会有方向的倾向性)，一旦测试成功，对股指期货的意义是非常巨大的。多空平衡之后，股指期货将重新起到定价的作用。两个属性，价值发现和套期保值功能将重新回归，期指的价值发现将带领大盘进行超跌后的纠偏。

5. 希望管理层无论在信用交易和股指期货，都能重视"平衡"这两个字的重要。我们不要偏多、也不要偏空的股指期货，只是要一个公平的、平衡的股指期货。我相信股指期货会重新成为市场的上涨“新动力”，以解决目前的局面。

最后祝愿中国股市越来越好。

作者点评

我在飞机上和失眠的时候，常常是头脑最有效率的时候，想事情会想得很深，想得很深脑子就会明显感觉转得飞快，然后会感觉停不下来，导致继续失眠。这是我失眠的时候，从床上爬起来写的一篇文章。

平衡，中华5000年文明非常精彩的两个字。

而全世界只有中华文明没有被断开过，古代印度、古代埃及、古代巴比伦这些文明都曾经被中断过。

2015年09月20日

财富的转移过程

股灾好像很多人都损失了，但大家有没有想过，股灾损失的钱哪去了？

有人说蒸发了，这是扯淡。损失的是真刀真枪的资金，人民币又不是水做的，不会变成气体。钱去哪了？这个简单的问题，大家如果认真想过，嗯，会得到现在该怎么做的提示。

1元买入股票的人，卖给2元买入的，2元买入的卖给3元买入的，如果100元见顶，那么就代表了99元买入的卖给100元的也赚了钱。这个例子说明了几个观点：

1. 交易有“最大傻子理论”，即牛市的盛宴里，泡沫其实不重要，泡沫带领市场奔跑，就像投机无法消除一样，泡沫无法消除。有时候你不能总想着抵制泡沫，而是要拥抱泡沫，但**牛市的盛宴终将结束，最重要的是别当最后的傻子**。前99个人吃完了，第100个人就是买单的，别当最后的买单者。

2. 所以赔的钱不是蒸发了，也不是消失了，前面的人赚了钱，后面的人买单了。涨跌不是干掉了财富，而是财富进行了转移。你是想当后面的人，还是想当前面的人？为什么几块钱的股票没人买，几十块钱的股票往里追，现在又几块钱了，又没人买了？

3. 最大傻子在牛市后期，类似于击鼓传花，我曾经在文章里写了《丢手绢》的歌词：“丢啊、丢啊，丢手绢，轻轻地放在小朋友的后面，大家不要告诉他，快点快点抓住他，快点快点抓住他”。如果你想参与牛市的泡沫，你就无法避免地收到“手绢或花”，你接受利润的时候，必须得接受风险。这不重要，重要的是你收到之后怎么处理，得有止损，能控制风险，才能拥抱利润。

4. 巴菲特说的是对的，在别人贪婪的时候我们恐惧，在别人恐惧的时候我们贪婪，这句话几乎无懈可击。但多数人想问题不是这样想的，股市恐惧的时候人人骂，然后跟自己说，千万别碰；股市贪婪的时候人人夸，然后跟自己说，大家都赚，我凭什么比别人差，赶紧参与，其实刚好反了。

5. 总结一下，现在是人人骂的时候？还是人人夸的时候？这不用我多说了把，股市的资金不会消失，只是进行了财富转移，你想要资金是被转移进来而不是转移出去，需要在人人骂的时候，勇敢一点儿，埋下收获的种子。

这里的筑底，其实跟以往一样，大家看看去年筑底的时候，1664 点筑底的时候，998 点筑底的时候，哪次的底筑得容易？底部就是让你不舒服，让你怀疑，让你笑话那些抄底的人。

顶部刚好相反，你看这一波，看 3478 点、看 6124 点，都是越涨越快，让你不再怀疑，让你不敢怀疑，让你没有时间怀疑，天天涨，涨到你心烦意乱，涨到你后悔不已，然后你就坚定了，所有卖出都是错的，然后你就被扔顶上了。

每次牛熊市，几乎都一样，只是简单的重复，效果却屡试不爽，充斥了深深的人性弱点。通过对历史的深入思考，我们其实能明白很多事情。

有时候你是需要一些信念的。很多人期待我写短期的操作策略，其实策略在这里不重要，信念才重要。

一切基于信念。

作者点评

尽管每天我都有些操作策略，但我知道在有些时候策略并不是核心，信念比策略更重要。

我经常在学员区提到信念的重要，以及如何增强自己的信念，它们大都与交易或证券无关，我会推荐大家去看关于信念的电影，来汲取信念的力量。

2015 年 09 月 21 日

新名词“差时等换”

这词今天上午在学员区跟大家一起发明的，我觉得挺好，过去我们创造了很多词了，如“九转序列”“123 求 4”“星空雷达”“基本震荡因子”“定量结构”“单阳测顶”“单阴测底”“一致性获利法的时间跨度研究”等等。

今天说一下“差时等换”，因为现在用得上。

做时间周期分析，最重要的是要考虑多周期共同作用下的市场发展预期。比方说，在一个日线的底部结构，其后出现一个 15 分钟级别的顶部结构，这种情况下，一般判断为上升途中的回调。

大方向是上涨的，所以要保持仓位较重，即不减仓。但小周期见到了高点，本着**在不减仓的大原则下，错开时间，打时间的差异性，叫做差时等换，这跟逢高减仓是不一样的，逢高减仓的目的是为了减仓，差时等换是为了换股**，但不减仓，差时是为了更好的换，以契合涨跌的轮动节奏。

第一波普涨之后一般会进入强弱分化，找高点调一下仓，从专业的角度，调仓是需要一定技术含量的。

作者点评

世界上本没有路，走的人多了就有了路。这是我首次提出

“差时等换”这个概念，这是一个新名词，我创造的。我创造了很多名词，说的人多了，这些词就有了含义。

2015 年 09 月 27 日

时间是朋友

首先祝大家中秋快乐。

目前市场上有很多非常消极的、悲观的声音，大家**要想做好交易，尽量少看市场评论**。交易不像生意，做生意考虑得越多越全面越好，做交易考虑得越少越简单越好。复杂的思维会影响你的决断能力，当你接受的信息越多，你的思维会是越混乱的，尤其是市场大部分的声音其实是具有“滞后性”的。**就投资而言，从贤不从众，天道酬勤、股道至简**。

现在的这种行情下，有所怀疑太正常了。我给大家举例说明：

1. 2005 年 998 点历史大底，第一波上升之后回撤到 1006 点，还差 8 个点创新低，几乎跌回去了涨幅的 97%，之后的上升初期也是缓慢的，怀疑中不断前行。

2. 1664 点，2008 年大跌之后形成的低点，第一波上升之后回撤力度也很大，底部整体是震荡格局，后面逐渐加速，跟 6124 行情后期基本一致，后期才越涨越快，前期在底部的时候是震荡格局。

3. 这一波在上涨初期，行情一直在2000点徘徊，1974点筑低点之后，市场多次且长时间回落到2000点附近。初期也是比较慢，用了180多个交易日的时间涨了15%到2300点，然后用了150个交易日涨到5178点。

从这些例子里我们不难发现，**上涨初期都是让你不断犹豫、不断怀疑，但涨到高位的时候反过来，让你不再犹豫、不再怀疑**。**每次行情都用这一招，并屡试不爽**。

在逃掉了两波股灾之后，我们早就形成了较强的市场竞争力，这里我们需要在底部埋下收获的种子，你不要总是把种子从地里挖出来，看看长没长(涨没涨)，这需要一定的耐心。

从空间的角度，目前风险已经非常小，**时间现在是朋友，而非敌人**了。

作者点评

股市是复杂的，人也是复杂的，所以化繁为简是一种本事。市场上的评论纷杂，绝大多数是有明显的“滞后性”的，当你开始寻找市场评论帮助的时候，说明你已经缺乏决断力了。

但我要告诉你的是，看市场评论对你做出正确的选择并没有太多的帮助，甚至有反效果，因为多则惑、少则明。当你没有一套交易体系的时候，应该全力去建立一套交易体系。当你有了交易体系之后，就要想办法排除干扰，坚定信念，少看市场的评论，越少越好。

天道酬勤，上天奖励勤劳的人；股道至简，越是简单的方法越是有效。

为什么上涨初期总是很折磨人？因为市场希望你不断怀疑；为什么上涨的末期总是猛烈而持续？因为市场希望你不再怀疑。

那么，为什么这么多年一直是这样的？因为人性是不变的，人性决定了模式的屡试不爽。

2015 年 10 月 18 日

防 5 浪下跌

上周的周一操作策略里，我就指出了上周的下半周比较重要，在时间到达的时候做了战略性的防守，这种策略在今年已经出现过三次了，第一次是 6 月 15 日日线的顶部结构形成；第二次是 B 浪反弹结束，防 C 浪下跌；第三次是上周，防 5 浪下跌。

从成功率来讲，这三次风险形成的概率是越来越低，这次的最低。防之前我就说，5 浪下跌的概率不高于 50%，也就是说这是小概率，但大家一定要明白，**我们能在过去十多年里在如此严酷的资本市场生存下来，并不是靠侥幸，有很多之前看似没什么用，画蛇添足、多此一举的战略性防守，并且被事后证明确实是没有用的，但我们依旧会去做，无论是过去、现在，还是将来**。

3 浪低点的时候，我毅然决然地让大家重仓抄底，华丽转身，当时我并不知道后面还有没有 5 浪下跌，当时抄底有两大原因：①我们已经避掉了两波股灾式下跌，空间上即便有 5 浪，1 浪到 3 浪也已经完成大部分的跌幅，战略上只输时间、不输空间。②3 浪低点是相对安全的，如果后面有 5 浪下跌，至少有个日线级别的反弹；如果后面没有 5 浪下跌，则是 1 浪上升，无论是 4 浪反弹还是 1 浪上升，这都是日线级别的上升周期，值得做。

但实际上，我并没有否定 5 浪下跌的可能性，我只是认为在日线的上升周期里是相对安全的，那什么时候开始日线上升不再安全了呢？就是 4 浪反弹结束的时候。判断 4 浪结束有一个方法，叫做一致性获利法的时间跨度研究，这个我之前也多次提到过，上周一我就判断是下半周穿零轴，即量化的 4 浪结束的标准。

具体的时间是上周四收盘，日线上穿零轴，即 4 浪结束的环境已经完成，我建议减仓，尽管 5 浪的概率至今来看仍不高于 5 成，但战略性防御还是必要的。大家要注意的是，我每次都有选择“时点”，并且有过程和理由来支撑我的结论。如果你相信我的分析过程，就重视结果吧。

以上分析并不代表 5 浪的概率更高，也并不代表我期待 5 浪到来。说实话，我不喜欢 5 浪，如果 5 浪来了，市场将严重损伤信心，会让大环境陷入一个低迷的被动的局面。**1 浪干死了追涨的人，3 浪干死了抢反弹的人，5 浪将干死抄底的人**。

所以，我虽然不喜欢 5 浪，但我是希望能长久地生存下去，先求生存再求发展。

这是战略性防守，不以低吸为目的。

后配图(2015101801)

作者点评

本文其实已经说了，我并不期待5浪下跌，也并不认为5浪下跌的概率更大，但如果有5浪下跌的话，4浪反弹的末期是要防一下的。所以我选择了这里为防守的时间，依据是曾多次讲过的量化标准——4浪一致性获利法的时间跨度研究。

如果这里下跌，那么就是5浪的概率大，如果这里不跌5浪的概率就不大。

本文的重点是为了说明，有些我做的看似没必要的防守，并且事后被证明没必要的防守，是在这个严酷的资本市场里生存下来的重要原因。

2015 年 11 月 30 日

平行线的点存在数学关系

今天中午我明确指出了下午开盘后会形成一小段因为 5 分钟底部结构而引发的上升周期，时间大概持续 2 个小时左右，到明天上午的开盘后。因为除了 5 分钟级别以外，其他的周期比方说 15 分钟、30 分钟、60 分钟并没有结构，60 分钟九转序列在最低点出了序列低 9。

考虑到周期级别比较小，而且下跌速度比较快，这里的反弹可做性还是不高。今天给大家做了一张图，这个图是空间的波动图，核心是中间的三个高点的连线，形成了画线的角度标准，两条线之间的空间为一个空间标准。

我们可以看到，第一波股灾下跌了四个空间标准，反弹了两个空间，又下跌了三个空间，反弹了三个空间。2 浪回调还没有来，短期支撑位置在一个空间标准，特别强的支撑在两个空间标准。

今天下午是刚好跌完了一个空间标准之后形成的支撑，因为**这些点都是处于平行线上的，所以这些点之间全部存在数学关系，对未来也会形成一定的数学关系**。后面我们还会用到这个图，大家可以按这张图的标准画好，进行详细分析。

原配图(2015113001)

作者点评

你可以看到这张图上的高点和低点，多数都在平行线上，说明这些高点和低点存在着数学关系，但如果你不画出这样的图，你就很难理解它们之间为什么和怎样存在数学关系的。

2015 年 12 月 14 日

不要因噎废食

我在前些天写了一篇文章，最后一句话是，此为上策。

它的整个逻辑有很多人看不懂，之前的解释因为没有实际案例，故理解起来确实比较有难度，今天我再解释一下，大家看看是否在今天的氛围里，是否能理解得更多更深。

首先我从资金面进行判断，市场不是单边上升了，因为两融折了一半，伞形限制了一大半，配资全部被干掉了，资金面差了几万亿，成交量鼎盛时期 1 万多亿(上海)，今天这么大涨才 2800 亿，资金严重不足，怎么会形成单边行情呢?

我们先排除单边行情，剩下的就是震荡行情了。

第二步，到底是什么样的震荡行情，如果是窄幅的震荡，我们应该多侧重选股，弱化选时；如果是宽幅的，我们就要侧重选时，弱化选股(只在特定时间强化选股)。

考虑到市场具有遗传基因，在一个非常大的井喷之后又接着股灾，这种罕见的震荡幅度即便遗传下来也是惊人的幅度，所以我判断是宽幅震荡。

第三步，当判断为宽幅震荡后，值得庆幸的就是，宽幅股票好做，毕竟幅度足够。要注意的是，宽幅要做波段策略配置，涨了你得跑，跑了你还得买回来。因此我们判断用浪形进行阐述，有日线 2 浪，判断有 2 浪就是为了波段交易做的准备。

时至今日，我并不怀疑有 2 浪回调，问题的关键在于 2 浪在什么时候？

因为我不确定这个时间，所以才采用趋势。比方说，趋势如果重新走好，你若因噎废食，空仓防 2 浪，一旦这个 1 浪末期持续的时间比较长或速度比较快，对你的冲击就是巨大的。

从人性的角度，人的承受力是有限的，超过人的承受极限时，就会丧失理性，就会再次杀进去，那时候就可能会出现原则性错误。

考虑到这些以后，我认为操作上要相对的重仓，积极而坚强，趋势作为后盾，即便后面仍然有日线的大浪形下跌，我们依然不在未确定的情况下撤出，正确的做法是**积极参与，破位止损，而非怕止损而不参与**。

因此说，此为上策。

作者点评

首先我是知道不会有强烈的单边上升行情，就当时而言，已经是中后期了，但中后期往往速度比较快，尽管概率上有 2 浪回调（当时我认为股灾已经结束了，这波上升是 1 浪上升），但不要因为怕有 2 浪回调而提前空仓等回调。

你可以想象一下，你空仓等 2 浪回调，结果 1 浪迟迟不结束，并且如果有加速上涨的可能，就会不断冲击空仓的承受力。从交易的角度来讲这是下策，上策是上涨并且在趋势完好的情况下积极参与，如果趋势破位再即时止损，不要怕趋势破位而连趋势都不做了。这就是因噎废食。

2015 年 12 月 17 日

交易意识

2015 年是一个跌宕起伏的神奇之年，6 月 15 日我们在日线的顶部结构逃顶，然后日线级别的下跌引发股灾。三个月后 9 月 16 日，我们在跌得市场完全没有信心之际，日线形成了今年唯一一次底部结构的时候大胆重仓买入，一直持有到三个月后的今天，12 月 17 日，近期日线可能形成今年的第二次日线的顶部结构，假如这里又是一个高点的话，那么今年的操作就可以用两个字来进行形容，那就是“完美”。

虽然时至今日我仍不敢奢求完美，而是保持了对市场的敬畏之心，但事实上这真的出现在了 2015 年，逃一次顶、避过两波股灾；抄一次底，我们华丽转身。已经非常满意了，过去我从来没有经历过“完美”这两个字，也许今年，能如愿以偿。

我们期待，但不追求，依旧保持对市场的尊重。无论市场怎么走，都已经有对策了。今天下午我减了仓的，原因是日线多个高点的连线加 15 分钟的顶部结构，但只是减了很少的部分。

因为没有日线的顶部结构，就没有大幅下跌，没有大幅下跌，大幅减仓就没有意义。主要的仓位，将留到日线的顶部结构正式形成再进行减仓，也许比今天的位置更高，也许更低。但不管怎么样，那里的级别更大，确定性更强。

原配图(2015121701)

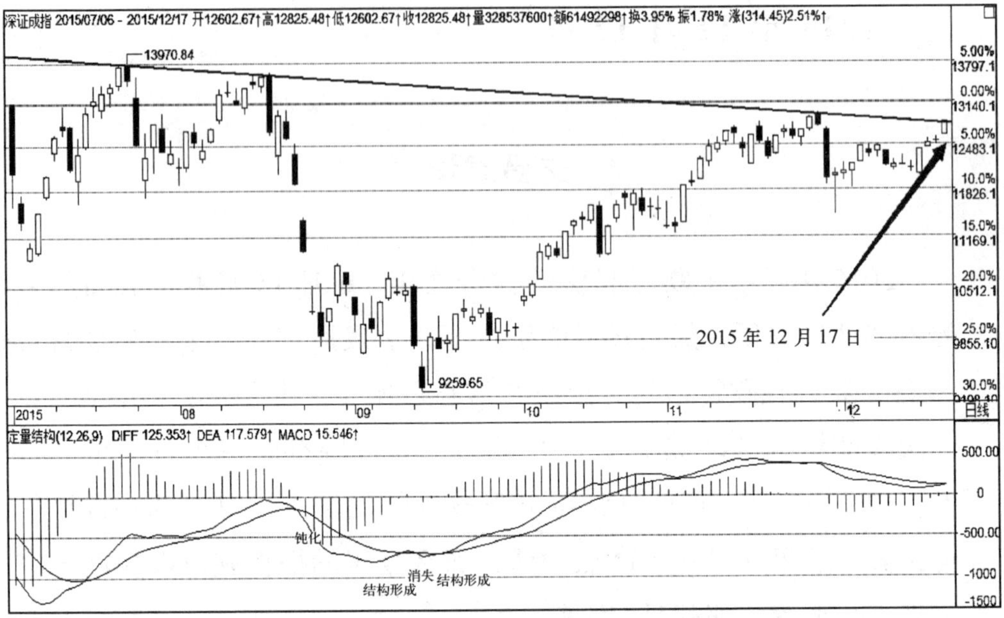

作者点评

2015年12月17日这天是没有形成顶部结构的，但有两个细节我注意到了，首先是多个高点的连线指向了2015年12月17日，其次是当时已经有一根MACD的红角线，如果次日创新高，就会形成日线的钝化。

我有了高抛的交易意识，如果是多个高点的连线上有明显的阻力，价格在此筑高点的话，卖出的位置就对了；如果行情继续向上运行，那么日线也会出现顶部结构，日线的顶部结构是大高点。

先卖一小部分，就会占有心理上的优势，等日线结构形成，再卖大部分。

2015 年 12 月 20 日

日线结构一步之遥

这一波一直建议大家重点关注的是深成指，深成指相对比较综合一点儿，综合了大盘股和小盘股。从日线的结构角度来讲，深成指重点观察的点位是 12893 点，也就是 11 月 25 日的收盘最高价，目前从钝化的量化构成来看，万事俱备(红角线峰值间隔了绿角线、DIF 值较上一波差得很远、红角线出现了至少两根)，只欠东风(价格创新高)，也可以说距离钝化形成只有一步之遥。

我虽然在上周四进行了减仓，但还是期待日线的顶部结构形成的，如果日线形成了顶部结构，价格必须再创新高，这感觉像两个相反的结论，貌似比较难理解，但这里面有相应的逻辑。

比方说，我在之前就给了非常具体的操作建议：①日线多个高点的连线，如果同时形成分时线的顶部结构，则先行减小部分仓位；②如果日线形成顶部结构，再减掉大部分仓位；③如果不形成日线顶部结构，直接向下，跌穿趋势减掉大部分仓位。所以大家可以看到的是，**3 个执行条件，结论都是减仓、减仓、减仓**，只不过在什么位置减的仓位不同罢了。

肯定有人会觉得不舒服，觉得减了仓，行情最好就下跌，其实这是不对的，市场并不以个人的意志为转移，既然大方向是减仓为主，那么我肯定是判断日线会出现较大幅度的回调的，但问题的关键不在这，而是在什么时候？

如果出现日线的顶部结构，这个复杂的问题会变得相对简单，甚至整个2015年都会变得简单，6月15日首次日线的顶部结构，我提示断崖式下跌；9月16日首次日线的底部结构，我提示华丽转身；**如果这里再来一个日线的顶部结构，2015年就是结构的完美之年**。

我们不追求完美，但喜欢简单。

作者点评

2015年如果年底再出现日线的顶部结构并且行情结束，2015年就是结构的完美之年。6月15日顶部结构形成然后股灾，9月16日底部结构形成完成抄底，12月末如果顶部结构形成再逃高点，操作上就是完美。

2015年12月21日

日线钝化形成

深成指今天日线收盘在13028点，超过了重要的位置12893点，即今天正式形成了深成指的日线级别的钝化。钝化要分周期级别大小，**日线级别的结构今年就出了3次，第一次股灾，第二次筑底，这儿是第三次，你说重要不重要?**

钝化是一个过程，结构形成是一个点，前两次我都进行了结构确认，如果这次形成，我也会进行结构确认，请大家放心。对于本次结构，会涉及到几个问题：

1. 日线级别的钝化。前一个峰值的 MACD 是 43，目前是 18.1，上周五是 14.8，即今天的运行速度是 3.3 每天。也就是说，如果行情一直涨，钝化会运行 6 个交易日左右不消失，从明天开始，到下周二收盘，不能有中阴线，如果有中阴线，结构多半会宣告形成。

2. **下跌周期**。**股灾向下是用了 64 个交易日，今天走完，不仅形成了钝化，大周期也向上运行刚好 64 个交易日，目前处于上升末期**。日线结构形成，会出现较大的、具有杀伤力的调整，但右侧交易，要等结构形成，即中阴线的刀，必须得挨。

后配图(2015122101)

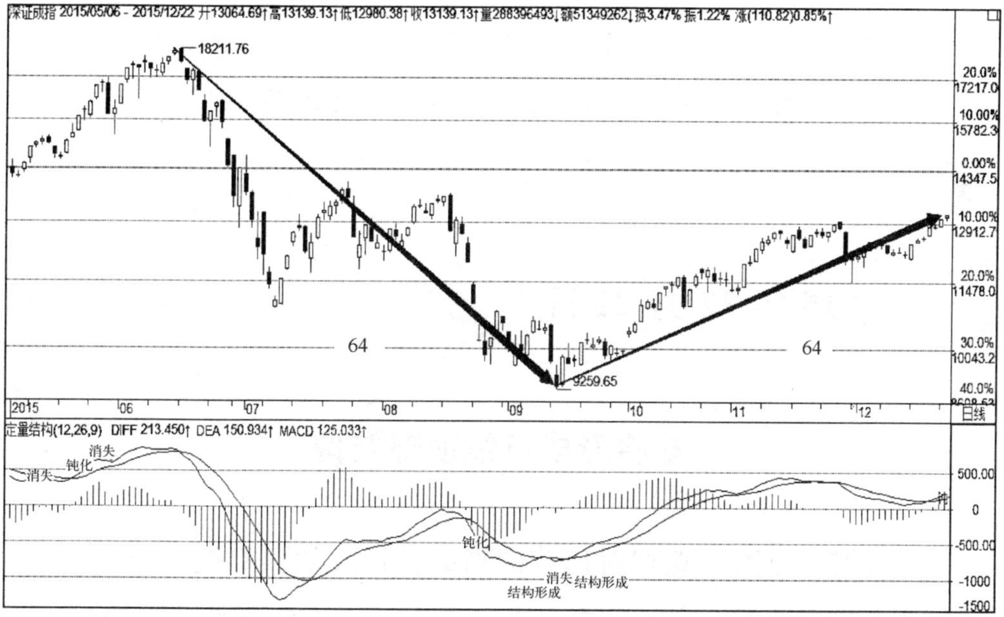

3. 结构形成。我们不能不关注市场，结构有可能是双重的或多重的，钝化要高度关注，结构形成也要高度关注。我们不知道结构到底有多少重，但正确的操作是，形成了减，创新高加回来，再次形成，再减。

作者点评

结构形成之前是必须要经历钝化的，钝化是一个过程，结构形成是一个点。日线于2015年12月21日形成了钝化，就代表了随时可能会形成日线顶部结构。日线结构是一个周期级别很大的结构，一年也就出现几次，并且在2015年有非常明显的转折效果。

这里还配合了时间的对称，下跌64个交易日，上涨又已经64个交易日了，通过对称性能够得出行情已经处于这轮上升周期的末期，即将形成定量时间+定量结构的确定性高点。

2015年12月22日

即将形成日线顶部结构

近期的思路一直相对比较清晰的，日线的顶部钝化形成了，并且在未来的6个交易日之内很难消失。请注意，我说的是6个交易日之内，并不代表到第6天才有风险，是指6个交易日之内，任何一天出现中阴线都会导致日线的顶部结构形成。

所以结论是轻仓和空仓，一定要忍过这 6 天，千万别买。因为你买完之后，非常有可能买到最高点或次高点，而这里的顶部结构是日线级别的，小心被扔在日线级别的顶部上，这不划算，更不够聪明。要等到风险解除之后再考虑，宁可买得高点儿，君子不立围墙之下。

重仓的呢？继续持股。日线的顶部结构虽然容易在这里形成，但我们不知道是哪一天，我们只能说哪一天的概率略大，应该重点关注，但的确无法确定，而且大盘即便筑顶，最后的疯狂也是可能有空间的，我们应该在保持警惕的情况下，等待减仓的确切信号。

后配图(2015122201)

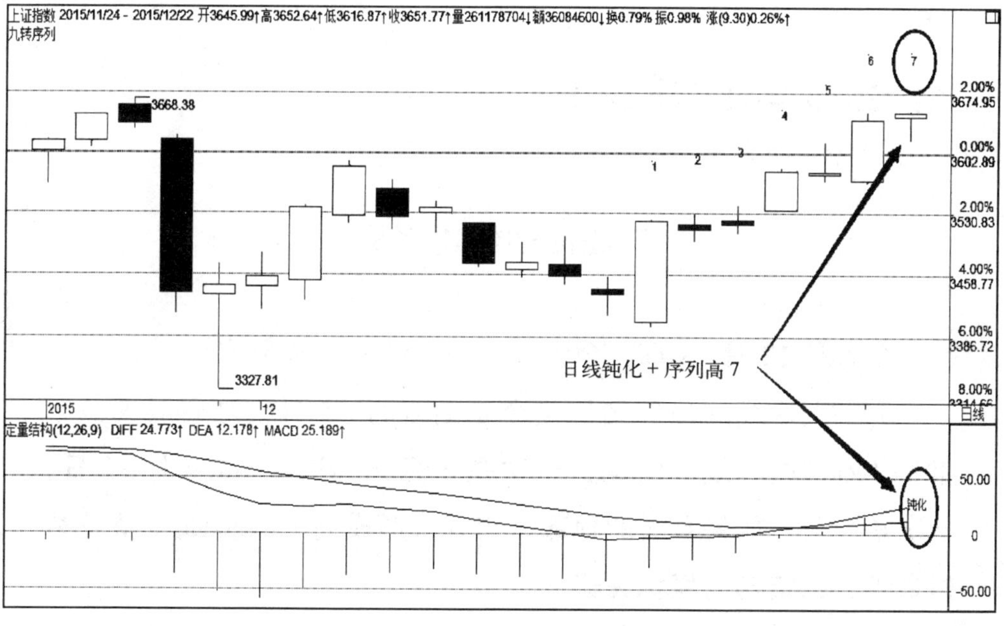

值得说的是，上证指数今天也钝化了，3650 点的收盘最高被刷新，代表了这一段时间都是上升周期，同时上证指数和深成指都是九转序列高 7，昨天是高 6，到 9 还有两天，即本周四。

请把刀举起来吧，上次我让举刀的时候是 6 月 15 日的前一周，举了一周，最终日线结构形成，手起刀落。

目前历史要重现了，请举刀。

作者点评

我当时说 6 天，日线结构是其后的第 4 天形成的，但收盘价格最高是在当天即 2015 年 12 月 22 日已经形成。

2015 年 12 月 28 日

日线顶部结构形成

今天是 12 月 28 日，今天日线顶部结构正式形成。

上一次日线的顶部结构是今年的 6 月 15 日，之后股灾，今年一共就三次日线的结构，**一次是 6 月 15 日，一次 9 月 17 日，一次是今天，如果今天的顶部结构直接形成高点，2015 年就是结构之年，在结构上堪称完美**。

核心的操作原则是，趋势为王，结构修边。今天结构形成，但不要远离市场，因为有两件事需要观察：一是结构会不会短期再消失，如果消失如何纠错；二是结构会不会引发趋势的破位，如果趋势破位，就不再用结构进行纠错了。

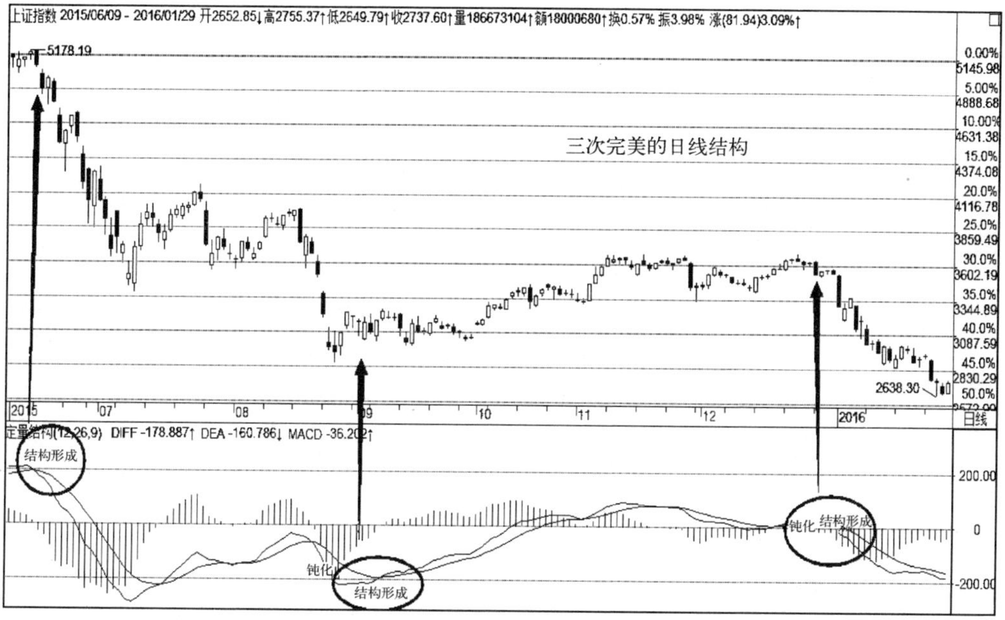

作者点评

日线顶部结构正式形成，2015 年是结构的完美之年，也是按结构操作的完美之年，第一次结构卖出逃股灾，第二次结构华丽转身，第三次结构止盈出局。

2016 年

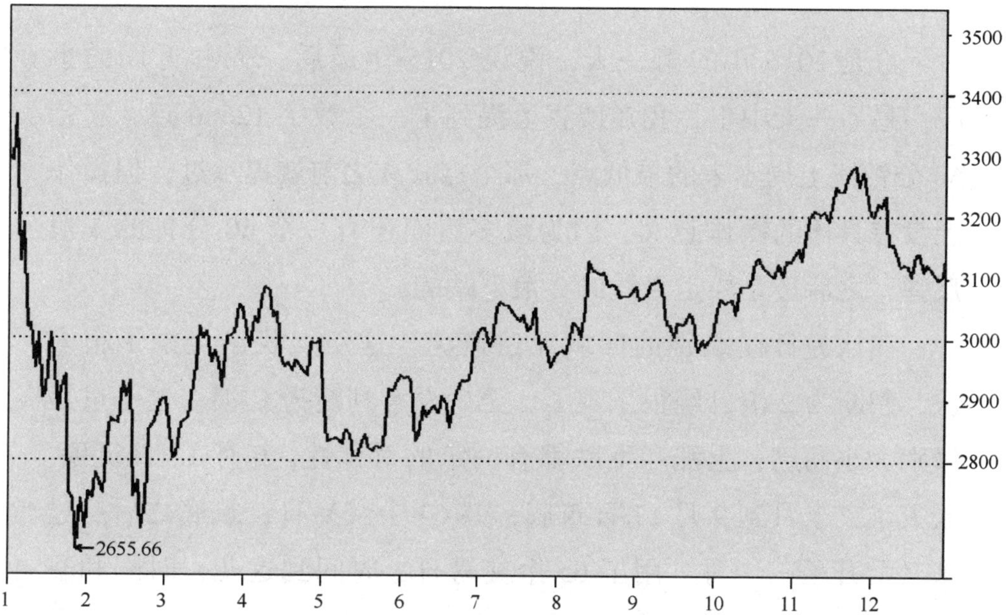

2016 年上证指数收盘价

2016 年

2016 年 01 月 03 日

小周期服从大周期

今是 2016 年的第一天，说说 2015 年最后一天和近期的事吧。最后一天中午，我在博客里提到了一个数字 12666 点，它是 60 分钟线上周本来的最低点，那个点我在之前就提示过，但操作上没有具体的操作意义，因为最多后面还有一个 60 分钟的 5 浪反弹，之后还是要走日线的 2 浪下跌的。

我认为日线级别的回调无法避免，这一点我已经说了很多次，判断为 2 浪已经很乐观了，至少没有判断为 C 浪。这不过是级别大小而已，上涨和下跌都有一定的对称性，6 月 15 日筑顶，股灾了三个月到 9 月 17 日筑底，共 64 个交易日；筑底之后反过来又上升了三个月，用了 65 个交易日，时间到这儿，时间和空间就都差不多了。

人的眼睛是明显滞后的，你在 5178 悬崖边上看不到股灾，股灾谷底也看不到上涨。

所以，我多次试图来说明这个 2 浪是具有一定的杀伤力的，你别管后面有没有 60 分钟线的 5 浪上升，面对这么一个大周期级别的具有杀伤力的下跌，**小周期需要服从大周期**。

但做分析是要注意细节的。我给了量化定义 4 浪结束的标准，这个标准是按收盘价格算的，当时 60 分钟的最低价格是 12666 点，我说 60 分钟线如果低于 12666 点，实际上就代表了 4

浪的可能性在降低，日线下跌已经开始的可能性就进一步升高了。

我在关键的位置向来不开玩笑的，2015 上半年我正式提出杠杆滥用存在系统性风险——“断崖式下跌”；写信给管理层；股灾前考虑过政策可能没用，建议建立国家战略基金，直接入场干预(后来就是这么救市的)。6 月 15 日日线顶部结构形成，郑重提示风险，躲过两波股灾。9 月 17 日日线底部结构形成，华丽转身。12 月 28 日这次直接提示日线顶部结构再次形成。我认为自己始终保持了独立客观的分析方式和身为市场人士对市场的那份担当。

作者点评

人的眼睛是滞后的，就是你看到的是已经发生的事情。可是交易是在做未来，你不能在 5178 悬崖边上看不到股灾，股灾谷底也看不到上涨。未来是眼睛看不到的地方，你需要用头脑去思考、分析和判断，而不能只靠眼睛。

小周期有上升周期又怎么样呢？大周期你要想得清楚的话，小周期是要服从大周期的。

2016年01月04日

趋势比结构慢

趋势为王、结构修边，这次其实要特别感谢有日线的结构，2015年两次日线顶部结构立功了。一次6月15日，一次12月28日，都成功逃顶。否则按照趋势，今天的这一刀就得挨了。

当然这其中也有一些让你犹豫的细节地方，比方说60分钟线可能是4浪回调，为了突出日线大周期的重要性，我很直接地明说小周期要服从大周期，或者干脆就别看小周期了，免得影响你，让你犹豫。

实战的效果非常好。明天可能会有惯性的下冲，但基本上不会再熔断了，如果是2浪，主要的跌幅已经出现了，但不一定涨，时间和分时线的结构不够，耐心点儿。

2015年，学员区里面的要比外面的操作好很多，其实我向来都是表里如一的，绝不会出现我在学员区里说的和在博客里写的不一样。后来我分析，是因为我每天长时间在学员区里，大家对我有所了解，所以更加信任。

感谢2015年，2016年我们继续一路同行。

后配图（2016010401）

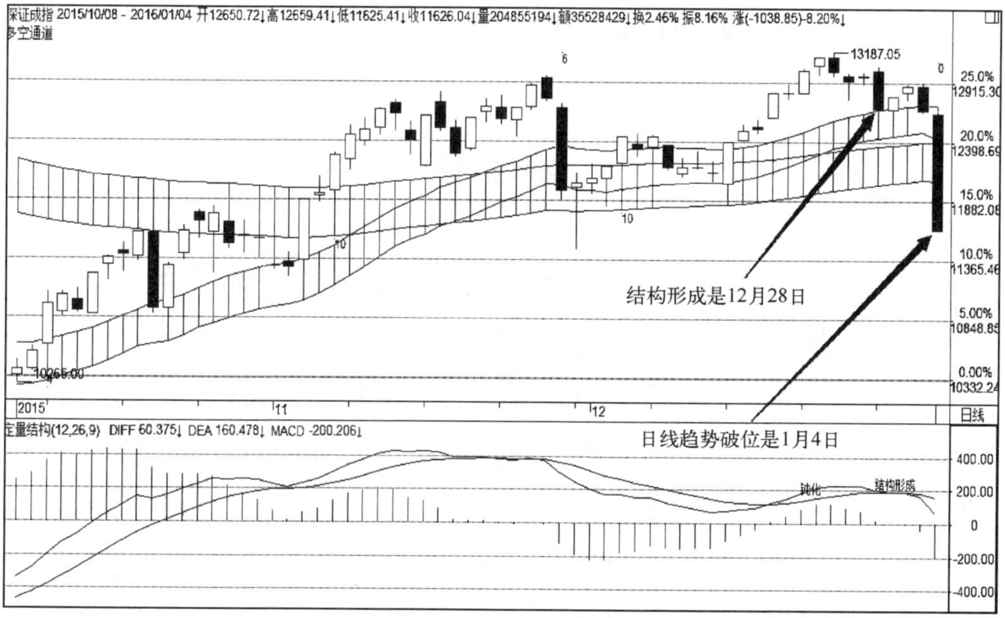

作者点评

与你同行的人和你要到达的地方同样重要。

2015 年是很艰难的一年，但也是我在行情分析上很精彩的一年。我一直是表里如一的，并不会在学员区说的和公开说的不一样，当然学员区有每天的文字盘中讲解和盘后语音讲解会更细腻一些。

但这其实不是根本原因，根本原因是学员区里的投资者对我，更信任。

2016 年 01 月 27 日

准备抄底

今天中午我写了三个建议，分别是满仓的、轻仓的、空仓的，我为什么会这样写，我来解释一下：

1. 满仓的，应该不是我的学员，也可能不是长期看我博客的投资者。因为这一波的高点，我做过重点的风险提示，仔细认真地分析了为什么不是单边上升，为什么是宽幅震荡，为什么宽幅震荡的下跌周期具有非常强的杀伤力。钝化的时候建议举刀，结构形成的时候建议手起刀落，这些词都不经常出现在我的文章里，代表了重要程度。所以大部分满仓的，应该是高位被套的，对于高位被套的，低位你若卖出、止损、减仓，都不对，因为你“已经”出现了很大的问题，这个问题这一波解决不了，只要你扛不住卖掉了，你就跟市场走势完全相反，心态会彻底乱掉。所以我说得很清楚，满仓不动，择机等换，换到超跌股上，好处是我认为第一波市场的上涨，超跌股比你持有的股票同期上涨幅度要略大。

2. 轻仓参与的，很多都是常看我博客的人，我做不到抄底一击命中，过去做不到，现在做不到，未来也做不到。所以我基本上会重视每一个较大分时线周期的低点，尊重每一个较为重要的低点，才能最大程度的命中最后的低点。控制好仓位，抄底的时候要严格止盈止损，如果你止损的位置比下一次再形成低点的位置高，你就占便宜了，如果低，你就吃亏了。别在意一时的得失。

3. 空仓的，则代表你的忍耐力是超强的，你不愿意参与市场的不确定性，所以即便出现低点，估计你也不会动心，只有结构形成，用确定性来换空间。我分析这是你最喜欢的交易方式，那么 60 分钟、90 分钟、120 分钟都钝化了，距离结构形成只有一步之遥，你的交易重点应该在选择板块和个股上。因此建议，选股、备战。

尽管抄底的过程中，风景差得想骂人。

但抄底者，志在远方。

后配图(201602701)

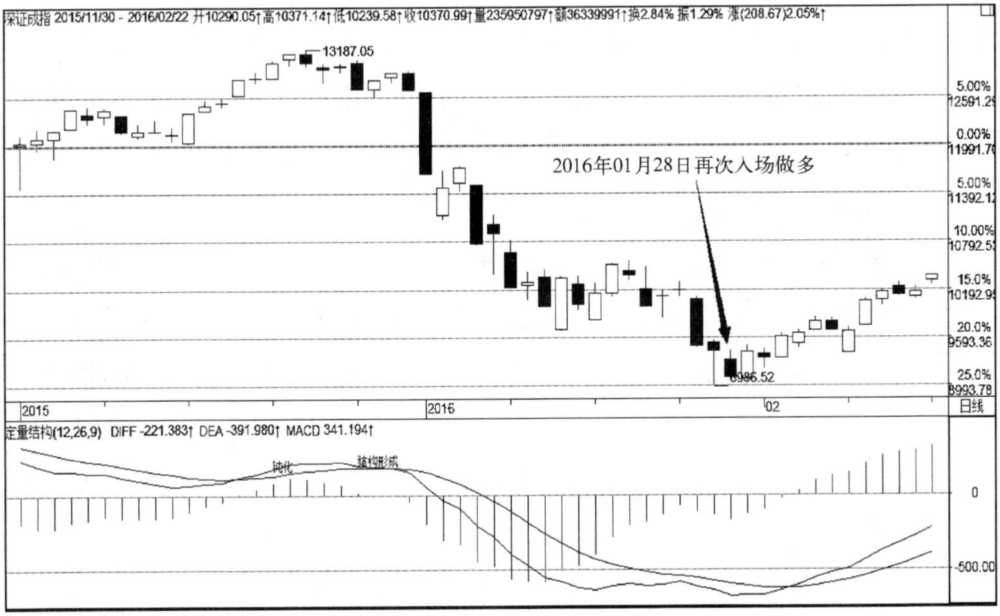

作者点评

这一次抄底，是至今难忘的。

当时已经发生了股灾3.0，市场信心被打击到最低，我为了提振学员区的信心，特意提前让大家看了《指环王之王者归来》这部电影，指环王的后两部电影我看了十多遍，这是一部充满了力量和信念的影片，对我影响很大。

在指环王第三部王者归来有两场大战，一场是刚铎之战，一场是魔都之战。这两场大战之前，都是做了“战前总动员”的。

我先让学员看了这部影片，然后我也同样做了抄底总动员，并且选用了刚铎之战和魔都之战的经典台词。

人类也许有一天丧失了勇气，也许会背信弃义，但绝不会在今天；也许有一天豺狼当道，人类的时代可能结束，但绝不会在今天。今天我们将为我们拥有和珍爱的一切，誓死奋战！

Death！Death！Death！

配合这90分钟线底部结构和序列低9，配合着抄底总动员，配合着最低点入场的完美，配合着学员澎湃的激情。

那一刻，成为了学员区最经典的一刻，让人终身难忘的一刻。

2016 年 01 月 31 日

知行合一

上周四 14:48，我在盘中同步即时直播里提前提醒，然后以 3、2、1 倒计时的方式精确找到入场时机，这并非事后诸葛，而是即时判定。即时判定这个领域，我是为数不多做到“知行合一”的，即怎么认知就怎么行动。

当我判断市场是宽幅震荡之后，一开始只是知道要出现较大的具有杀伤力的日线下跌，并不知道是股灾 3.0 式的跳水式下跌，这要比我之前判断的下跌幅度和速度都要大。我们且不去分析市场到底出现了什么问题，无论原因是什么，这种下跌都已经既成事实了。顶部逃掉的，或是没逃掉的，现在能做的事情又回到了我之前说的八个字，下跌诛心、练功收尸。

人的承受力是有一定的极限的，快速大幅的下跌其目的就是要冲过人的承受极限，当冲过之后，很多人就开始做出不理智的行为，即被“诛心”了。倾巢之下，我们很难在这个环境里，能够不受到这个环境的影响。所以要做的，就是练好内功，这样的下跌本就存在“报复性”反弹的基础。目前这个报复性反弹还没有来呢，虽然周五出现了上升，但那并不是我所期待的行情规模，我期待的，要比这大得多。

虽然这一波大概率还是“反弹”，但这个反弹的力度应该是日线级别的，我按照结构的级别大小，推算应该是 9 个交易日左右的反弹级别，具有很大的可操作性。

可是我在盘中的即时判定这个环节，只能做到去找到一些相对安全的分时线低点，实话讲，我并不能确定周四的那个低点是这波反弹的起点，即最低点。

尽管我在博客当中，描述本周二以后才是上升周期，如果加9个交易日，春节长假期间无论是上周四的低点，还是本周初还有的低点，春节长假期间都是上涨周期内，所以基本上是比较倾向于持股过节的。

这个结论直接影响的就是，我们需要在周二之前买进去，我选的点是上周四的14:48，这个点也是周四全天的最低点。周五大涨之后，使得这个位置买入的投资者，迅速地脱离成本，但可以看到的是有些投资者过于乐观起来。

我要说明的是，我只是确定两个事情：①周四的那个低点是相对确定的低点，但不确定是最低点；②本周二之后，多半会是较为持续的上升周期。

那么按照这个结论，如果我们仔细去看15分钟线，目前在浪形上仍然不能排除15分钟线的4浪高点的可能性。而且利用“一致性获利法”的时间跨度研究，周一开盘后就到了4浪的临界点。

假如后面有5浪下跌，本周一开盘后即形成高点，市场将创新低；假如后面没有5浪下跌，市场不创新低的情况下，继续刷新高点，并超过4浪的时间跨度，以排除4浪的可能。

综上所述，正确的做法就是上周四重仓抄底，周一早盘减一小部分出来防15分钟的5浪下跌，持有的部分，涨幅比较好的，进行超跌股之间的红豆换绿豆(等换)。基本上周一走完，我就能确定市场朝着哪个方向的概率更大。

你不能空着仓，等着 15 分钟走 5 浪下跌再抄底，即便假设现在是 15 分钟的 4 浪反弹，比方说本周五的上涨，对空仓和轻仓的人冲击都是非常大的。**注重战略、战术的同时，也要考虑人性，考虑大家心理承受力**。后面如果没有 5 浪下跌呢？**在这么低的位置，原则性的错误是踏空而非套牢，空仓的在底部面对大涨是受不了的**。

我思维严谨，从不乱说话，所以我只能说本周二以后是上升周期，而从上周四到本周二，我不确定是什么周期，但我能确定上周四的 14:48 是低点，所以我执行了“把握能确定的”，以做到“知行合一”。这几天可能是上升周期，也可能是下降周期。如果是上升周期，上周四的低点就是最低点；如果是下降周期，上周四的低点最起码也是个次低点。我考虑到了这一点，早买点最多就是 4 天不涨，但如果买晚了，就是踏空。

这是个逻辑问题，也是我经过缜密思考之后的结论，希望对大家能够有所启发。

作者点评

我们并不是缺乏行动力的，怎么认知就怎么行动，此为知行合一。但大家要明白，行动是需要建立在对市场系统的认知之上的，我们行动之前对市场的思考深度是足够深的，逻辑清晰，思维缜密。

2016年02月14日

坚持正确的交易方式

春节期间，美国跌幅2.7%，欧洲在5%左右，日经跌得最多12%，黄金原油是上涨的。总体来讲，股指今天如果没有利好刺激，低开是大概率，并且低开的幅度也许不会低，预计在3.5%左右吧。

我需要坦诚的说明，我节前是建议持股过节的，原因有两点：其一，长假之后的首个交易日多是上涨的（概率分析）；其二，市场目前处于低位。所以我建议持股过节，当然我是建议控制5到6成的仓位持股过节。**从节前的情况来看，持股过节在当时情况下是正确的交易**。

当然，正确的交易不一定是盈利的交易，从目前来看，持股过节，需要承受春节期间国际市场大跌传染的补跌。在过去十年的历史中，没有一年出现了类似今年的这种外围情况，所以不能算是正常情况吧。这就是市场，我们会遇到各种“情况”。**我非常反对事后诸葛，用已经发生的事情来评论对错，这本身有严重的逻辑问题**。关键点不在这儿。

关键点在于在任何情况下，能否正确地做出反应。我来给出目前情况下的应对方案：

1. 之前我们发现在分时线上，有60分钟、90分钟、120分钟的底部结构，我们取了中间值，即90分钟的结构，从这个结构来看，市场反弹的空间和时间都不够，所以春节应该是上涨过程中。

2. 这波下跌的反弹周期应该是 9 到 12 天级别的反弹，我并不认为只是一个 5 天左右的反弹就结束了，况且这 5 天空间也不够。

3. 不排除市场会形成二次筑底，因为从概率上来讲，二次底部结构筑底的概率甚至是要大于一次底部结构的，可是交易上刚好相反，即便有二次底部结构，在第一次你也要出手。想想里面的因果关系吧，为什么即便有二次探底，第一次形成结构的时候也要出手。

4. 目前的情况来看，如果是一次筑底，那么行情不会因为外围环境的恶化而创新低，即低开之后，该怎么走还会怎么走，周一最多影响到 10:30，之后的运行情况会趋于市场本身的选择。

5. 如果市场创新低，则代表市场本身要进行二次探底了，同理，这也与外围市场关系不大。也就是说，春节假日期间，即便没有外围市场大跌，市场也会进行二次探底。

6. 交易上非常简单，不创新低，持股不动，等待反弹全部走完。创新低，我们先出来，代表这次抄底的位置不对。只要你上次买的位置比较低，预计没有什么损失，然后等下一次筑底。可以肯定的一点是，只要行情没有反弹，则每一次抄底如果不对，下一次筑底的级别肯定会大于之前的一次。这是时间和空间集聚的能量。

竞争力的提升是需要在任何情况下的，所以涨也好、跌也好，我们都将坦然面对，练好内功，提升自己在这个市场的竞争力，无论什么时间什么情况下。

后配图(2016021401)

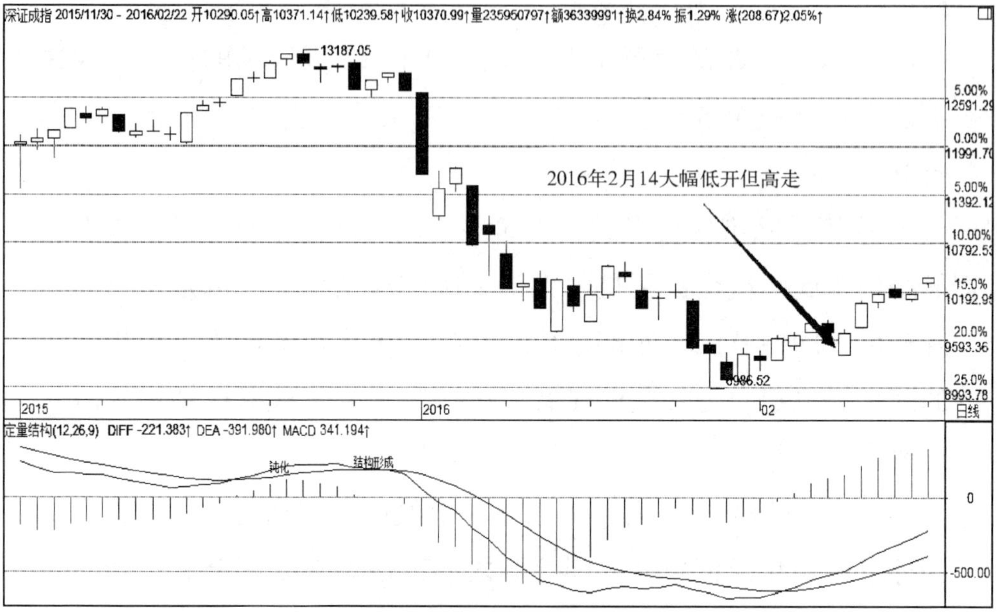

作者点评

人们很容易受到行情的涨跌影响，而忘记了我们为什么这样判断或这样操作。我经常提醒大家勿忘初心，因为就“初心”来讲，它在当时是不受行情后来变化的影响的，是客观而独立的。

坚持正确的交易方式，降低或减少行情波动对判断的影响。

市场结果也是如此，大幅低开，但低开高走，没有改变市场真正的运行方向。

2016 年 02 月 21 日

保持独立思考

周末第一大新闻就是证监会换主席这件事了，我是这样评论的：换主席了，股市如果涨了，因为换主席；如果股市跌了也因为换主席。就像熔断没出来之前跌了，有人问："说好的熔断呢?"熔断出来之后跌了，有人说都是因为熔断。无论市场怎么走这其实不是换主席的市场必然反应，但有些人就喜欢套上这个概念，你还不能证伪。

大众舆论自然而然把这个群体下的智商普遍拉低。

我在 2016 年投资策略报告会上举了很多数据来证明，股票是回报率最高的资产配置，无论是国外还是国内。从长期来看远超过房产、长期债券、短期债券、黄金、现金，但为什么在我们这，股票投资被人认为是特别不靠谱呢?

就跟上面一样，大家找不到真正做股票、做交易的方法，而从众的心理，又导致低位的时候没人买，高位的时候看身边的人都赚钱了，再入市，亏损就变成了大多数人的现实情况，然后不去反省操作本身的逻辑问题，而是直接给股市扣上了一个帽子，股市其实也挺冤的。所以我这几年，越来越觉得这句话是有道理的，大众舆论把处于这个舆论下的群体智商普遍拉低。

要想做好交易，少想关于换证监会主席的事，少想别人是怎么评价你的股票的。我十年如一日从不点评个股，一方面是希望少给自己惹麻烦，另一方面是希望大家能够保持对自己股票的独立思考，别被外力把智商拉低。

很多人并不是特别懂交易和懂股市，这样即便他并不想被人影响，被拉低智商，但**逆境的时候也容易生出怀疑，怀疑自己。怀疑就像阴影一样如影随行，所以你需要有一个正确的对于市场的认知体系，用科学的投资方式来解决这个问题**。

我的分析和判断逻辑是偏数学和统计学的，尽管我还不能完全证明这一定是比其他方法更好，但起码在众多的分析方法里是相对偏科学的。如果你的方法也是偏科学的，你在逆境的时候，怀疑就少。

说说大盘：

1. 之前我们是防日线的 2 浪下跌，结果防出了一个 C 浪下跌，这有运气成分。但 C 浪从理论上应该类似于 A 浪的级别，A 浪下跌了 64 天，如果是宽幅震荡也应该类似于 A 浪级别，因为 B 浪上涨了 65 天，目前 C 下跌了 37 天，如果按低点算是 26 天，时间上来讲，还不太够。

2. 基于第一点的缘故，从统计学的角度，目前的上涨应该处于下跌过程中的反弹，所以一开始对于行情性质的定义，反弹的概率比较大，这点没变，即便是在今天。

3. 如果我们定义为反弹，底部抄底的资金就得想办法在高位逃出去，上周四我们减了仓，上周五日线九转序列出高 9。这波反弹重要的位置一共就两个，一个是时间的，日线高 9；一个是空间的，深成指单阳测顶 10851 点。

4. 我事先并不知道是先到时间还是先到空间，但我知道不管哪个先到，都防要防一下反弹结束，如果不对再买回来就是了。

买回的仓位要低于抄底的仓位。

作者点评

大众舆论自然而然把这个群体下的智商普遍拉低。投资不是别的，投资是择贤不择众的。所以我建议大家尽量不要看大众舆论，市场评论也要少看，看评论的同时要有独立的思考能力。

这种独立的思考能力，不论是顺境还是逆境都要有的。逆境通常会产生怀疑，怀疑你曾经相信的，这个时候独立思考能力会更重要，你要清楚地知道什么是值得信赖的。

2016 年 03 月 02 日

没有股灾 4.0

明天是两会的第一天，通常来讲，两会要的是稳定，大涨或大跌都不叫稳定。所以说市场因为两会而涨是没有依据的，市场有自身的规律，没有两会该涨也会涨的。

你有没有发现市场的人气有明显的恢复，那些看股灾 4.0 的人，现在基本都没声音了。我明确表述过没有股灾 4.0，我当时描述未来的几个月是相对复杂的，但不是股灾 4.0，而且我非常讨厌股灾 4.0 这个说法，**前面三次股灾有连续大幅而持续上升之后的背景，这里说股灾** 4.0 **一点依据都没有**。

看到好多重仓的顶部被杀下来的人，却在底部想跑了，我心里还是比较急的，所以即便行情那么跌，我依旧坚持这里割肉已经没有必要了。之前不太理解我的，这几天开始理解了。如果你之前满仓损失惨重，再加上你割肉割到地板价上，这两天你会有无比的挫败感。

所以一定要保持独立思考力，不要人云亦云。

那么对于高位逃了日线的九转序列的高 9 的呢？你应该保持这种良好的交易原则和纪律。交易原则和纪律的形成非常的不容易，分时线这波筑底一点儿底部结构都没有，尖底不去把握是对的，因为有违急跌不抄底的原则。市场大概很长时间没有出尖底或尖顶了，这是小概率，如何处理我们也说得很清楚。

趋势为王，结构修边。趋势不犯原则性错误，但趋势太粗线条，太大边幅了，用结构来进行修正和处理细节。

但核心不是结构，千万别忘了这点，趋势才是王道。

作者点评

因为有了股灾 1.0、股灾 2.0 和股灾 3.0，市场一有风吹草动就有人说股灾 4.0，我当时非常反对这个说法，我并不认为会是股灾 4.0，因为非常简单的道理，你如果要阐述结果也要描述推出这个结果的分析过程和逻辑。

我说没有股灾 4.0 也很简单：股灾 1.0 之前股市大涨；股灾 2.0 之前股市大幅反弹；股灾 3.0 之前股市上涨了几个月。也就是说从以往经历的这几次来看，没有上涨就没有股灾。

这里就没有上涨，哪来的股灾 4.0。

2016 年 03 月 20 日

趋势与结构

我曾经把市场归纳为 12 个字：空间、时间、结构、趋势、位置、形态；后来觉得太多了，改为八个字：空间、时间、结构、趋势，这八个字具有一定的全息属性，代表了市场的全部信息。这是对市场的理解上的，而对交易环节，提炼出了一句话：趋势为王，结构修边。

在最高点或最低点左边的交易为左侧交易，在最高点或最低点右边的交易为右侧交易，左**侧交易有个特征，简单点说就是提前动手，右侧交易属于滞后操作**。**大众很明显是喜欢左侧交易的**。

空间、时间、结构都属于左侧交易，唯趋势属于右侧。

比方说最近一段时间，我们 1 月 28 日最低点精确抄底，2 月 21 日日线九转序列高点卖出，都用的是左侧交易，一个是 90 分钟线的底部结构，一个是日线的时间序列(一个是结构、一个是时间)。

2 月 22 日还做了一个短差，相当于最高点那天卖出，上一次的交易是有运气成分的，很少见的最低点买入和最高点卖出，我一直试图说明这是有运气成分的，可遇而不可求。2 月 22 日之后，我并不确定是上涨还是下跌，之前的上涨是相对确定的。

所以 2 月 22 日我的结论是不要给方向，之后出现了 3 天的大跌，股灾 4.0 的声音不绝于耳，我虽然得不出后期的方向，但我还是能够得出不是股灾 4.0 的结论的。并且我非常清楚地表达了，满仓高位被套下来的，并不建议减仓，这个位置只输时间不输空间了。

上面的三个左侧交易：空间、时间、结构都用到了，唯独最后一个趋势，一直以来市场是没有冲过下降趋势的，不管是短期还是长期，直到上周五，短期趋势已转势，长期趋势还没有。趋势是最后一条防线，“趋势为王”这四个字的意思是不要违背趋势，要充分的尊重趋势。当空间、时间、结构跟趋势形成相反的判断的时候，必须服从趋势。

比方说，时间上 60 分钟周五收盘后形成了高 8，预计周一的 10:30 形成高 9，如果这是是震荡市，周一上午见高点；如果这里是单边市，高 9 就会失效。这个时候你可能会犹豫，短期买怕追高，但周五中午我就说得很清楚了，趋势过了就是过了，不要因为怕高而不买。

正确的做法是，趋势过了先进去，趋势破位再出来。

作者点评

首先空间、时间、结构都是左侧交易，趋势是右侧交易，但就左右侧交易而言没有对错之分，都是交易的一种方式。因为左侧交易的属性，大众是喜欢左侧交易的，而我在强调右侧交易的重要性，右侧交易的趋势才是核心。

趋势为王、结构修边，这句话已经明确地描述了谁是核心，尽管大多数时候我会用到结构，但我用到结构的时候并不敢忘了这句话，结构是服务于趋势的，而不是要违背趋势。

2016 年 04 月 17 日

契合市场而非主导

其实我不记得是哪一年了，我建立了自己的交易系统，不过肯定是很久以前的事情了。至今为止，大的方向和逻辑上并没有变过，只是在一些细节上进行过修正和升级。**市场每年都有变化，市场并非是一成不变的，那么就交易系统而言，到底是变的好，还是不变的好，对这个问题我也进行过深入的思考**。

在我深入思考之后，我发现这件事情无论变与不变都很难做到完美，我开始意识到，就交易本身而言，也许我们就不应该追求完美。**因为不完美，交易才精彩**。我的交易系统是研究基本原则的：空间、时间、结构、趋势，总结出一句简单的话叫做："趋势为王、结构修边"。这套系统沿用到今天，一直非常有效，即便是这里。

这波底部我在一个多月前就明确表示，市场将进入到"复杂时段"，我在博客里也反复提及了，并且我认为目前还没有结束，至少还会持续一个月左右的时间。这段时间行情的波动幅度小，方向也不定，从大方向上来看，没有更有倾向性的概率优势。

常看我博客的人知道，我向来不缺乏勇气和决断能力，因为我认为，目前在这里也许就不应该去决断什么。**没有概率优势的决断，就是在赌方向，这样做没有胜算，其实我是认为失败的概率更大，因为即便概率各有优势，但如果加上人性的弱点就不一样了**。

事物会朝着阻力最小的方向发展和运行。我所做的一些事情，也并非是在当时能够体现出这样做的意义，比方说去年股灾之前，我非常坚定地认为会有断崖式下跌；比方说连续三次出现日线的结构之后，我认为这波可能不会出现日线的结构，而从分时线结构着手，我用这种“交易意识”成功地测算到 1 月 28 日的筑底，至今反弹的绝大部分空间，我们都用重仓做到了，可是 90 分钟的结构反弹，实际上也就只确定那么长时间，后面的行情确定性并不高，这也是我说“复杂时段”的主要原因。

交易，本应该是一个相对严肃的话题，我尽量去更多地了解和**契合这个市场，而非主导**。所以，我并没有在近期给市场下一个结论，原因是我在这里没有结论，没有结论这句话不丢人吧，没有就是没有，也许我需要更多时间。

我们再看市场的细节，分时线的波动从快速到慢速，趋势过了，但分时线钝化依然存在，而且是多周期的，3 日线九转序列会在周一的收盘后形成高 9，市场会在近期再一次形成带结构的高点。

从概率的角度，长期趋势大概率会在这次高点击穿，所以仓位不适宜太重，短期趋势则不一定会击穿，要等这次结构调整时间结束之后，再定方向，这很关键。我不知道方向会不会更清晰，但要比过去的这几周要更好。

除了耐心，放轻松很关键哦。

作者点评

我们一直在做的是契合市场而非主导。市场会在特定的时候有方向性的概率优势，坚持走大概率方向就是契合市场，也就是说按照概率即便你不操作，行情也是会上涨或下跌的，概率上在特定的时候就是有优势。

没有概率优势的时候，是大多数的时候，只有在少数时候才会有概率优势。大部分时期都是混沌时期，小部分时期是秩序时期，大量无序的个体买卖会在特定的时间里在整体上出现秩序，这是规律的成因。

找到它，契合它，而非主导它。

如果没有找到它，就等它。

2016 年 05 月 15 日

专业性

今天我先说说空间，如果我们拿现在的位置做一个十字光标来进行比价，这里的价格是股灾以来这么长时间调整之后的非常低的位置，空间上的安全度已经非常高了，所以我要说明的是，这里由于空间位置风险系数非常低，只输时间不输空间了。

但在交易的范畴里，不是只有空间就可以了。江恩之所以是技术分析派的理想，其实他解决了“何时何价”的问题。不仅是价格，而且是什么时间见到这个价格。打个比方，**如果我不说时间，我说这里就是底，你是不能证明我错的**。可惜的是，所有不能证伪的命题都是伪命题。

我们并不否定这里是显著的低位，可是我们要不断地告诉自己，我们是专业的交易者，我们，是专业的。

你也许认为这是一种心理暗示，认为这个作用不大，但美国在经济低迷的时候，奥巴马用过这招。这招叫做信心激励，不断暗示经济很好，后劲十足，不断去激励自己，你会发现经济就会朝着好的方向去发展了。

所以专业的投资者，不会因为价格低、安全度高而买入，因为还有两个因素：

一是时间因素。李某某最开始提出钻石底的时候，后面跌了两年，空间上钻石底是对的，跟这里差不多，跌不了多少，长期来看是底没问题，但时间上你能确定开始上涨吗？如果不解决时间问题，空间的意义是不大的。**华尔街有句老话，不要告诉我买什么，而要告诉我什么时间去买**。

二是惯性因素。比方说如果很多数人都认为这里是底，但你的风控标准如果太低，底部的最后一跌是要跌穿很多人的风控承受力的，人的承受力是有极限的，超过这个极限就会有人做“傻事”。所以你看每次筑底之前，很多时候都有“最后一跌”，而这随后一跌，不仅要跌，而且要诛心。

一个专业的投资者，这些事情都会想到，感谢大家对我多年以来的信任，一直以来尽管我判断的不是每次都非常准确，但坚持给大家做靠谱的分析，对市场时刻保持着敬畏之心，我所得出来的结论都是深思熟虑的，这个大家请放心。

原配图(2016051501)

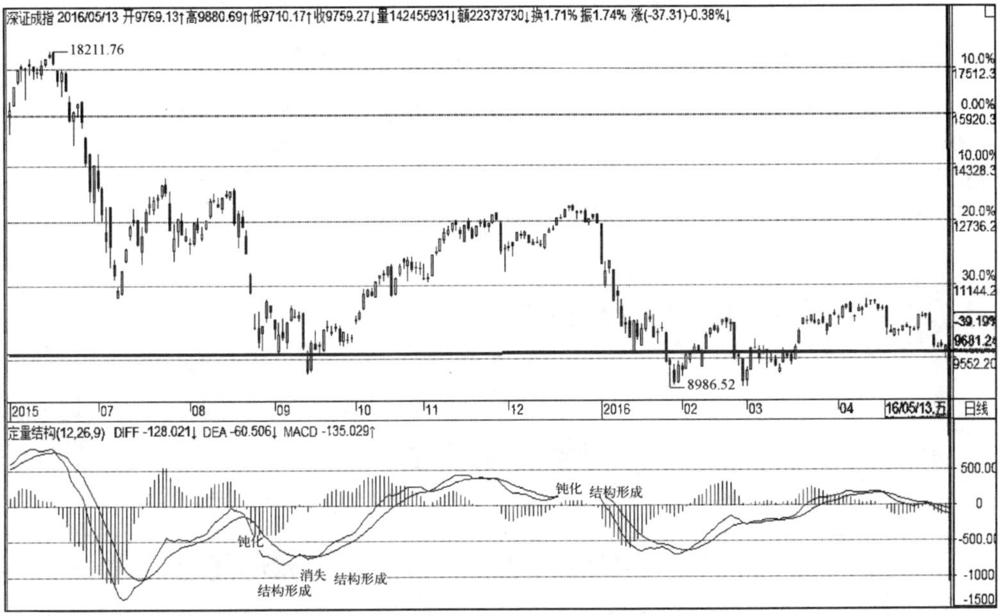

作者点评

我是这样理解专业性的，如果你是一个专业性很强的投资者，你不应该因为价格跌得多了而看涨，也不应该因为价格涨得多了而看跌。我甚至不认为只解决空间或时间就是足够的，以为如果空间不加上时间，你不能证明错，从专业的角度即不能证伪。

打个极端的比喻，比方有人说股市会涨到100000点，这是空间，如果没有说什么时候见到这100000点，在逻辑上你就不能证明他是错的。不能证明是错的，就是不能证伪，不能证伪的命题其实都是伪命题。

所以如果是有专业性的，不会因为跌得多了而看涨，或者是涨得多了而看空。尽管大部分时间这么做是有效果的，但市场会每隔一段时间出现“极限交易”，防大概率其实不是专业性的，普通人也能做到，但能防住小概率，才是专业性的。

坚持交易规则，不犯任何原则性错误，就是专业性。

2016年05月18日

选择确定性

如果今天夜里美国不是大幅下跌的话，明天可能会形成一个带分时线的底部结构的低点，这个结构低点也是这个日线的波段下跌以来的首次结构，浪形上来看我还不确定是3浪的低点还是5浪的低点，但我觉得这不重要，**重要的你要有入场的勇气了**。

不要去期待跌穿2638点创新低，这种思想非常不可取，市场并非一定会走大家认为的行情，也并非按个人的意愿去运行，而是越小概率的情况越是效果好，所以我倒是觉得，这一次要么不创新低直接起行情，要么创新低之后行情还又一波大幅杀跌，这两种走势都是出乎意料之外的，效果也会最好。

明天我们先防第一种可能性。

我在两个月前就描述了市场未来不好走，直到5月末市场开始逐渐清晰起来，下半年要起一波我认为幅度会超过30%的中级行情，也是2016年最重要的最大的一波行情，所以今天中午我才说，这可能是2016年最重要一役。

第一个阶段性下跌5浪如果跌完，那里将是一个相对安全的点，但3浪低点和5浪低点的空间差异很小，可操作性开始增强。

收益大于风险，准备入场资金吧。

也许这不是最低点，我们也不必追求最低点入场，我们的主要任务是在下半年行情启动前，把仓位尽可能地加进去，这是极具战略性意义的。至于买的高还是买的低，都不很重要，重要的是买在确切的点上。

当我们准备再次华丽转身的时候，你准备好了吗？

作者点评

市场跌了一个3浪的下跌浪形，并且5月18日当天处于3浪的末期，当时我是不知道后面有没有5浪下跌的。空间上1浪到3浪的下跌空间会占到1浪到5浪空间的85%左右，所以3浪低点在空间上的风险已经很小了。

3浪的低点是个确定性比较强的低点，5浪的低点是一个确定性更好的低点，但我们要考虑一下其他的因素，比方说时间。上一波下跌了26个交易日，这一波下跌24个交易日，所以这个时间在对称性的角度是一个相对确定性强的点。

我们还要考虑风险和收益的比例，本文里我又说道，很多人都看要继续创新低，而我认为确定性其实比新低更重要，如果有确定性的低点，管他后面创不创新低呢。风险就是买早了，有新低也就是经历一个5浪的下跌，但如果这个确定性的低点你错过了，没有新低就是踏空了。

衡量风险和收益、空间与时间之后，建议把握确定性，积极入场做多。

2016 年 05 月 19 日

新“5·19”行情

今天是 5 月 19 日，17 年前的今天出现了能写进中国证券史的行情，那是一次波澜壮阔的单边上升大行情，速度极快而猛烈，整个市场为之沸腾。为了纪念这波行情，将启动点那天 1999 年 5 月 19 日命名，叫做“5·19”行情。

在今天之前我是空仓的，这波从顶部起的下跌一共跌了 25 天，我知道这是一个较大的调整周期，但我事先并不知道这里的跌速快不快，上一次也不知道。听过我 2016 年上半年投资策略报告会的人也许还记得，我们要防一个宽幅震荡的具有一定杀伤力的下降波段，结果防出来一个股灾 3.0，经历了 26 个交易日跌了 4300 点(深证成指)。

这一次跌了 25 天，我们也防了，但并没有下跌很大的空间，这充分证明了我并不知道会下跌多少点，只不过在该防范风险的地方，要有足够的风险意识。

直到今天，我认为不应该再空仓了，有三个原因：

1. 每一年都会至少有一波“中级行情”，我在几个月前就判定了上半年没什么行情，但下半年我还是非常看好的，不是一般看好哦，是非常看好有中级行情，涨幅在20%以上才算中级行情哦。

2. 我们需要在行情启动之前把底仓加进去，这是一种战略上的布局，这里不一定是最低点，甚至可能性并不大。如果可能性大，我一定会重仓布局底仓，如果不对再减至较轻的仓位状态。但你要有这种意识了，行情终究会重新进入到上升趋势，这一次概率很高，而抄底没那么简单。

3. 3日线出低8，大家要重视九转序列，这是你在市场上非常少见的择时策略，请到www.ktkt.com下载“交易师”免费版，打D3(3日线)看九转序列。当市场出9的时候，很大概率见底了，时间最迟会在下周四，如果低于9793点(深证成指)出9。

抄底的路上，风景也许差得想骂人，但抄底者，志在远方。

原配图(2016051901)

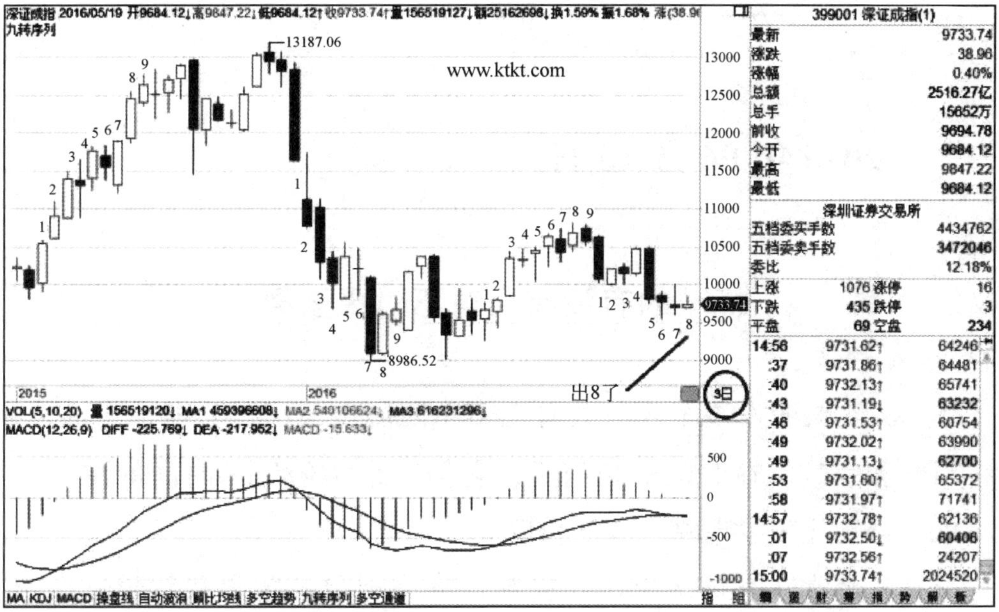

作者点评

3日线当时序列出8，也就是说往下走就会出序列9，九转序列在3日线这个周期的转折效果还不错，说明市场处在这个周期的波动率上。

考虑到25个交易日的下跌跟之前26个交易日的下跌形成的时间定量，加上浪形上3浪低点的确定性，再加上3日线出序列8，这三个原因加在一起就形成了5月19日当天买入的策略。

上一次买进去的决策很正确，但只是入了部分仓位，本来是想等后面走5浪下跌的时候再入一部分仓位的，当时就是这么想的，结果后面根本就没有5浪下跌了。如果当时没有入场，一味的空仓等待，后面会非常被动。所以5月19日的主动出击，在2016年整个操作里非常关键。

2016年06月16日

标准的有没有比对不对更重要

人类文明发展至今一共有三个东西流传最广，分别是艺术、科学和宗教。在时间的长河里，它们三个是经历了时间的洗礼的，分别代表了现象、数学和哲学。

我经常在学员区里说，**交易也分为现象、数学和哲学三个**

层次。令人遗憾的是，我十多年前进入到这个市场里来的时候市场上大多数人在研究现象领域——支撑、压力、金叉、死叉、放量、缩量、K 线组合、各种指标等等，而当市场发展运行了十年之后，很多人还在研究这些，这些在研究领域是属于最初级的。

我曾经为了研究结构的成因，把 MACD 的设计公式打开，每一个语句都研究一下它的用意，这样才能做到知其然亦知其所以然。从那时开始，我就正式地进入到第二个领域，即数学领域，研究现象背后的成因——数学。

数字是上帝身体的语言，数字是最简单的美。

我是研究现象背后的成因，数学领域得到的最好诠释，数字能把很多复杂的事情简单化，数字能解决目前所有操作领域最难的问题——确定性问题。逢低买入、逢高卖出、高抛低吸、波段交易这些话在交易当中什么用都没有，不研究数学领域，是很难解决确定性问题的。你如果不能解决这个问题，当你临盘的时候就会纠结、不知所措，你就无法建立起交易的标准。

很多人至今都不明白，标准的有没有，比标准的对不对更重要。

如果你有标准，你的所有操作和交易都是清晰、简单的，如果不对，可以通过知识的积累和交易经验来进行完善和优化；如果你没有，你其他的都谈不上。我在系统课里讲了这块，如何创建自己的交易系统之定量原则。

目前我在学员区里几乎所有的结论都是量化的，所有的分析过程也都是量化的，做到这一点我用了很多年的时间。到目前为止，我认为这是最成熟的一套交易系统了(至此才可以称之为系统)。我曾经在2016年下半年大型免费投资策略报告会上简单提到过，你肯定没注意到它的完整性。①九转序列量化择时；②多空通道量化趋势；③星空雷达量化选股；④龙头次数量化强弱。

你仔细想想，如果我们解决了择时、解决了趋势、解决了选股、解决了强弱，那么不就解决了这个市场的几乎全部问题了吗？

而意识交易流派的小明意识流，则是第三个层次，哲学层面的。我认为已经全面带领学员进入到数学领域，而哲学领域，目前还不敢奢谈哲学，还在进一步的探索和发现过程中。

作者点评

标准的有没有比对不对更重要，这是本文的核心思想。建立标准离不开数学，或者叫数字。因为标准的唯一性必须依靠数字来解决，数字是解决标准量化的最直接方法。

数字是上帝身体的语言，数字是最简单的美，数字是具有唯一值的。科学在本质上只研究两件事，数和次序。交易系统的建立是离不开数的，你有了数的概念才会有标准的建立，而标准的有没有，跟数的对不对是没有直接关系的。我们先要解决有没有的问题，有了之后再去解决对不对的问题。

2016 年 07 月 03 日

趋势与结构的关系

我在周五学员区里语音课互动答疑，重点回答了一个学员这样一个问题，他问趋势和结构的关系。

我是这样回答的：

1. 我们的操作核心就是简单的一句话，**趋势为王、结构修边。这里面既表明了相互的关联关系，也表明了主次关系**。趋势是核心，结构用来修正和完善趋势的。趋势操作太粗线条，通常吃不到鱼头，也吃不到鱼尾，如果波动的空间小，那么趋势策略就不赚钱，甚至反复挨打。即便如此，关于趋势的**两个事实还是确立的：趋势确实能赚钱；趋势没有原则性错误**。大多数人犯的原则性错误都是没有服从趋势，趋势为王的思想应该进一步加深。

2. **趋势时时刻刻都有答案和标准，在任何时间和任何周期都可以定义趋势的方向，只不过是标准不同，而结构不是所有的高点和低点都有结构。趋势是非黑即白的，一个趋势的结束就代表另一个趋势的产生，而结构不是一个顶部结构后面一定是底部结构，有可能顶部结构后面还是另一个顶部结构，也不是所有的位置都有结构。趋势随时可见，而结构可遇而不可求，反证趋势为王。**

3. 在大部分时间里，结构要比趋势的短期效果好，给人的感觉是，大部分时间里结构要比趋势更好用，但这跟利润没什么关系，你的大部分利润是在小部分趋势好用的时候形成的。意识交易流派会注意趋势和结构的操作切换，如果你想当顶尖高手，那么结构好用的时间长了，这是大概率必然的，但你一定要适时切换到趋势策略上。因为大概率时间长了，小概率就要出现了，你不切换，小概率一旦出现，结构的效果就要被打回原形。而你一旦防小概率防成功了，你就要再切换到大概率上，那就是操作领域的完美。

基于此，我于5月中下旬开始看多市场，就是我用结构整整做了一年之后决定的，我打算在这里弃用结构或者是弱化结构，不是因为结构不好用，相反是过去的一年里，结构太好用了。在一个方法特别好用的时候，这个市场会形成惯性思维，而惯性思维的产生就是为了将来打破它的。这是宿命，并且屡试不爽。如果我们能想到这一点，就应该提前于市场跳出惯性思维。所以这一波，我将按趋势做。

或者说强化趋势，弱化结构。原理就是上面的原理，当然还有一层关系，就是小周期趋势太频繁，做多则错多，纠错能力在绝大多数交易者那儿都是严重不足的，当下的解决方法不是提高大家的纠错能力，而是降低出错的概率，即首先就要降低操作频率，只在相对确切的地方进行操作。

作者点评

这是一篇很有思想的文章，说了两层关系，前面说了结构和趋势的关系，后面说了惯性与意识的关系。相同点和不同点，优势和劣势，描述虽然简单，但我现在回过头来看，这仍是一篇处处都切中要害的文章，尤其是大家要思考中间加重的部分。

2016 年 08 月 01 日

速度的比较

首先我并不认为这是股灾 4.0，目前谈股灾 4.0 大部分都是没有真实的论据，只是空谈且制造市场恐慌，可这种言论确实会影响到很多人，因为人在一个群体里智商会被拉低，你只有保持独立的思考能力才能明辨是非。

因为这几天的下跌就判断股灾 4.0 吗？我们来看看前面三次，市场都出现了什么样的情况，我们以深成指为例：

股灾 1.0 指数从 18211 点跌到了 10850 点，下跌了 7361 点，跌幅为 40%，用时 17 个交易日；股灾 2.0 指数从 13652 点跌到了 9259 点，下跌了 4393 点，跌幅为 32%，用时 19 个交易日；股灾 3.0 指数从 13187 点跌倒了 8986 点，下跌了 4201 点，跌幅也是 32%，但用时 26 个交易日。

速度上，股灾 1.0 最快、2.0 其次、3.0 最慢，但最慢的 3.0 也是用了 26 天跌了 4200 点，速度为 161 **点每天**。也正是这详细的数据统计和分析，我坚信 5 月的那波下跌不会创新低，**因为当时已经用了 24 天只跌了 1200 点，速度为 50 点每天**，差了三倍多。所以我断定不是股灾 4.0，并且强调大盘将不创新低，我们才在当时勇敢抄底。

这一波同理，大盘已经跌了 12 个交易日，且跌速并不快，平均每天下跌 58 点，可能后面的速度会更慢。所以那些唯恐天下不乱的希望股灾 4.0 的，可以洗洗睡了。

作者点评

名词解释来讲，距离除以时间等于速度。股市里上涨或下跌的速度，就是空间除以时间。

股灾之所以称之为股灾，是下跌的速度极快而猛烈，短期跌幅巨大，像洪水、飓风、地震等灾难一样。我通过速度的对比来否定股灾 4.0 的说法。

2016 年 08 月 08 日

趋势的三步

今天在学员区讲了关于趋势的话题，之前我也说想抽出时间来讲趋势，是不能违背这个相对严肃的话题，后来我发现大部分学员是**认可趋势的重要性的，这只是你要解决的第一步**，趋势是不是核心的操作原则。在你解决了这一步之后，才会涉及到第二步。

第二步就是趋势的量化标准，我在没有交易师之前，用过趋势线作为趋势的量化标准，尽管这是一个很不错的方法，但始终没有解决唯一值的问题，即标准虽然定了，可是不同的人画线的取点标准不一样，导致画线的结果也不一样。解决趋势的标准就是为了解决量化的问题，后来我们发明了多空通道来量化趋势。

第三步是在你认可了趋势的意义之后，解决了趋势的量化标准，下面就是趋势的执行力问题。趋势是那种你绝对不能违背的，因为所有在股市里出现过原则性错误的人无一例外的都违背了趋势。你如果不违背趋势，就要非常尊重趋势，严格按照趋势的量化标准去做，否则你重视了趋势并且解决了趋势的量化标准，但执行力不够也都没用。

至于结构，结构、时间、空间都属于左侧交易，左侧交易是辅助趋势的，因为趋势是右侧交易，它们的区别很大。左侧交易不是每个地方都有答案，比方说结构或时间序列，不是在所有的高点和低点都有，这就带来很大的问题，最大的问题是怀疑，你不能证明它一定会出现，就好比在做一道无解的题。这在交易的时候会有巨大的不确定性，有信念的缺失，而趋势是相对确定的。

另一个是一一对应的关系问题，不是一个顶部结构或高 9 对应一个底部结构或低 9，有时候是连续顶部结构，或连续的底部结构。而趋势，上升趋势之后一定是下降趋势，下降趋势之后也一定是上升趋势。

基于此，构建核心的交易原则：趋势为王，结构修边。

希望大家坚持下去，这会让交易变得稳定。

作者点评

我们认知事物是有一个过程的，认知趋势也是需要一个过程的。首先你要相信趋势的重要性，其次你要建立趋势的量化标准，第三你要严格执行趋势的量化标准。

2016年08月11日

如果信，请坚信

交易不是完美的，也不总是一帆风顺的，想坚持一个信念是有很大的难度，特别是在逆境时，比如最近。抄底仍然是我们的首要目的，但我们不能毫无防护地去抄底，既能防风险又能不让底部与你擦肩而过，趋势是不二之选。

但坚持趋势的过程中，会有很多的阻力，最大的阻力来自于震荡行情里趋势操作的反复挨打，尽管我在很久很久之前谈到趋势的时候已经将这个事情讲过，但真的当反复挨打来的时候，还是会有很多人坚持不住，觉得这么做很傻。最大的问题就会是怀疑然后放弃。我已经考虑到了关于大众的承受力的问题了，所以在趋势连续错了4次以后，在底部的时候才主张重用趋势。我依旧不能回避它是不是要再继续不好用，可是你回过头来仔细想一想，你除了趋势有什么方法能既防风险又能不让底部擦肩而过的呢？

大部分时间是震荡市，即趋势不好用的时候，小部分时间是单边市，是趋势好用的时候。**震荡市如果挨打，不坚持，就会丢趋势，打就白挨了。**

这就是中午说的，如果信请坚信的原因，左右摇摆是大忌。

作者点评

做过程序化自动交易的人，会比较深刻地理解我说的这句话，如果震荡市趋势策略被反复挨打，反而要坚持。因为越是挨打的次数多，距离趋势就越近，你只有靠趋势策略遇到趋势行情的盈利，才能缓解震荡行情里趋势策略的亏损。而越是挨打的次数多越要坚持，原因很简单，因为你一旦不坚持就会丢趋势，丢了趋势，前面的打就白挨了。

2016 年 08 月 14 日

交易意识

这里的行情最大的问题是明显的分化，大盘股强小盘股弱，2014 年下半年也有一波这样的行情，这样的行情对很多套利资金而言是小概率，两头亏。对冲交易是阿尔法模式，即优选个股，做空股指期货，5178 点的行情绝大多数时间这种做法都是蛮赚的，但当时出现了两个问题，一是上涨的速度过快，期货平仓的速度快于股票减仓的速度；二是转资金得 T+1，导致了股票平掉的资金很难及时弥补期货亏损的资金，从而出现“真空期”。一般做套利的仓位都比较重，套利的空间本来就小，仓位不重获利难度就更大了。套利好比管理波动，现货和期货的差离值比较大，可以套利。还有就是阿尔法，如果选股的能力超过大盘，也可以对冲获利。

因为资金在大盘股上不容易形成上涨，但在小盘股上比较容易形成上涨(当然万科是个例，你要是有几亿集中玩一只股票也能干预价格)，相对而言小盘股对资金的反应更大、也更快。所以先这么做的资金，引发的赚钱效应吸引更多的人参与到所谓的阿尔法套利中来。逻辑其实挺简单，就是做多小盘股，做空股指期货，策略不是关键，关键是时间段。

如果你在早期这么做，会吸引人更多的人这么做，到了中后期没有更多增量资金这么做的时候，就有点像旁氏骗局，这么做已经不赚钱了，就会出现反向市场，拉大盘股、拉股指期货，压小盘股，让做对冲的两头亏。但这只是阶段性的短期行为，因为对冲的资金只是专业地教训一下非专业的，不让更多的资金跟着这么玩而已。

概率上在大部分的时间里好用的方法，持续的时间一长就离小概率近了。大家好好想想这里面的逻辑，2014 年下半年大盘股大涨的那段时间，小盘股是走弱的，套利的资金两头亏。同样的方法，同样的策略，大部分时间都好用，但大概率这件事本身就代表了小概率的必然存在。

如果你能提前想到小概率并加以防范，这就属于意识交易流派。

股灾之前，我是第一个提出市场有“断崖式下跌”的，筑顶之后，成功防范了三次股灾，我用了几次意识交易流派的东西，第一次是预防股灾，第二次是股灾 3.0 跌完的那个底，因为前三次

都有日线级别的结构，当时用交易意识防了一下第四次不出日线结构，第四次果然没有日线结构，我们在 90 分钟线抄的底。

结构很像上面介绍的套利，大部分时间结构是好用的，小部分时间趋势好用，结构不好用。从概率上来讲，结构是大概率，趋势是小概率。可是，我们逃股灾 3 次都不是我们的目的，我们的目的是华丽转身，抄股灾之后的这个底。

从意识交易流派角度，如果大概率连续出现了很多次、好用的时候，我们要能够想到可能会出现小概率。即能在连续的结构好用的情况下，弃用结构而不是重用，这需要一定的独立思维和勇气。

我后来做了这个事，至今认为思路是对的。我可能会防小概率防得早一些，可能会因为过早启用趋势策略，而被市场短期反复折磨，但还是要比晚强。

剩下的就是，需要坚持。

作者点评

意识，我最早对这个词印象比较深是因为电子竞技，我很爱看的电视频道之一就是电子竞技频道，里面有很多游戏涉及到了意识，比方说 CS 穿墙打人的时候就是意识；比方说星际争霸看到对方家里建筑学不对的时候，就会意识到偷矿或提防对手放大招。

意识到底是什么？就是在未出现和未到来的时候能够提前想到，并做好应对。

在交易里一种惯性的形成就是为了要被打破的。我有很多时候，会思考惯性思维与交易意识之间的关系，要不要提前与市场建立交易意识。至今我仍认为，交易意识在交易中很重要，如果电子竞技可以有意识流派，为什么交易里没有意识交易流派呢？只不过交易意识特别难讲和难理解，以至于我讲完后，我的学员对我讲的意识交易流派理解有严重的偏差，我常笑谈“交易意识”这四个字被学员玩坏了，变成不遵守交易规则的所有操作都归到意识交易里了。

如果你能感受到交易意识可以和交易规则同时并存，你会更好地理解什么是交易意识和意识交易流派。

2016 年 09 月 01 日

意识交易流

震荡的时间长了必然走单边，其实单边的时间是少数，震荡的时间是多数，可是资金的效率最高的地方是单边市。也就是说，80%的时间你很难赚到钱，20%的时间里赚了80%的钱。这个很有意思，市场是相对平衡的，如果你用震荡策略那么大多数时间你是好用的，可是赚的不多，而且趋势来了容易吃大亏。如果你用趋势策略，大部分时间你是不赚钱的，但你得学会隐忍，因为你承受了震荡的折磨才能不放走趋势。

正是由于这个市场是相对平衡的，所以最佳的操作思路应该是，当震荡持续了一段时间之后，也就是大概率连续发生了一大段时间，我们要勇敢地改用趋势策略，要先于市场调整策略。而当趋势策略来了，小概率一旦发生，就要及时切换到震荡策略里。

这就是意识交易流派。

作者点评

这是一个最简单的意识交易流，意识交易难点不是你能不能建立交易意识，而是你什么时候使用它，过早或过晚使用效果都不好。

2016 年 09 月 04 日

追求交易的真实与快乐

我大学是学计算机的，在 IT 行业做过两年(包括实习期间)，在我没有接触证券之前，从小到大任何关于我的大事父母都是让我自己做主，我当时认为我是想从事计算机行业的，但当我接触了证券之后，经过没怎么慎重的思考我就毅然换行当了，当然家里面是非常反对的。我认为目前假如你想从事证券业，大的社会环境来讲，也不会很受欢迎。

这不重要，重要的是倾听内心的声音。

从事证券这个行业，也许是我做的这一生最重要的决定，最主要的原因是这个行业如此多彩，甚至每天都有新鲜感，充满希望、值得期待。这些年虽然我能感受到我慢慢变老了，但一样能感受到对证券市场的热情没有变，这是真爱。我知道会有很多人在提到证券市场的时候，这种感觉会有不同，甚至是痛苦的，但你不能否认它的魅力所在，即便是痛苦的。

那么怎样才能在证券市场里少一些痛苦多一些快乐呢？

首先当然是盈利，这很重要。好的心态决定好的交易，还是好的交易决定好的心态？痛苦的人通常是交易做得很差的，并且不愿意面对。如果不能把交易做好，很多人是以赔赚这种结果为导向的，自然不会有很好的心态，总亏钱总说心态好，那是自欺欺人罢了。

其实赚钱是目标，是结果，但不是过程。

我在决定改行进入证券行业之前，我就思考过，当我进入到一个崭新的行业，尤其是资本市场，我将面对这个行业里最专业、最凶猛、最聪明的头脑的较量，我凭什么胜出？这个问题，难道不值得大家去思考一下。

我们，凭什么胜出呢？

这个市场是由非常庞大的投资者组成的，这就给胜出提供了一种理论上的可能性。我分析过这个市场参与者的共性，盈利的人是胜在哪儿了？亏损的人是亏在哪儿了？交易其实是零和博弈的，市场不会印钱，你赚的可能是别人赔的（**电子交易让你不知道交易的对手是谁，这会降低你的不安感。其实交易并不为社会创造财富，而只是财富的转移，甚至并无道德可言，因为每个人都在想把别人的钱放进自己的口袋里。来行情或股灾只是财富的再一次分配，希望能重新分配到财富的你**

们，能够将来做一些对社会有益的事，来体现财富重新分配的价值）。

所以我们要分析这个群体，大的划分可分为：**自己、对手和裁判**。裁判绝对要尊重，你懂的。大多数时间裁判并不下场，裁判整体上当得不错，做证券交易的为什么没有像其他行业那样总是出现胡搅蛮缠的闹事情况呢？因为普遍觉得还是公平的（请注意，部分现货、贵金属、白银、黄金、原油、邮币卡、艺术品等“非证监会监管”的品种是公平的）。既然普遍觉得公平，那么我们就要分析大多数人亏在哪儿了？

1. 从众。我研究了中央登记结算公司的数据，5178 点之前的一个月，创出历史最高峰，单周开户数 120 万户。也就是说，筑顶之前的一个月，有近 500 万人坐火箭冲进股市里。当现在价格这么低时，每周的开户数只有 20 多万人。那种赚钱效应带领的从众心理是导致亏损的首要原因。

2. 随意。做证券交易是有很刺激的那种驾驭感的，可是绝大多数人交易并没有规则，随意交易或者是随性交易，凭感觉交易是大多数人的共性。在随意交易当中，人性的弱点会被放得很大，不只是贪婪和恐惧。涨的时候是不是很兴奋，总喜欢打开账户，甭管做不做交易就喜欢打开看看账面浮盈，心跳会加速，越涨越紧张，越紧张越留不住利润，想落袋为安，这是贪婪。跌的时候反过来，不想打开账户，不想看到绿色的浮亏，不愿意卖出是不愿意接受浮亏变成实亏这个事实，刻意回避，没有勇气面对，或指责别人，这是一种恐惧。**恐惧批评、恐惧贫穷、恐惧失去所爱**。期待有一天行情能涨回来，这是侥幸。人性的弱点就像阴霾，交易越是随意，晴朗的天空就越少。

在我从业的这近20年里，投资者换了一茬又一茬，可是这两个问题却一直都存在。你能从中看到一些事情，这是最坏的时代，也是最好的时代。假如你分析对手，明确了对手的弱点，你就找到了一种获利的方式，你能改变的，并且最容易改变的，这只能是你自己。

要想不从众就要有独立思考的能力，并且这种能力要贯穿始终。而构建独立思考能力的前提，是你要做到足够的知识积累，你不要把知识积累当做是一个负担。其实交易的乐趣很多时候在于寻找，寻找的过程是有乐趣的，你会有发现的欣喜，因为**寻找才会发现，敲门，门才会开**。探索的乐趣如果你体会到了，你就找到了上面我所讲的快乐的源泉。**做自己喜欢的事，你是快乐的，你才能事半功倍**。

随意交易问题的解决是有难度的，解决的办法我认为就是建立交易的标准，用量化来解决情绪化。我做投资者教育，并不是每次交易都正确，这经常让很多慕名而来的人感到失望，但当经历了一段时间之后，他们能够理解和明白，交易是真实的，无法取巧，也没有捷径。我们在学员区建立了严格的量化交易标准，我最大的希望就是我的学员们，能够通过建立交易的标准，来实现稳定的盈利。**用稳定的盈利来证明，稳定的盈利是可以实现的，即便是在A股**，这样会拉动更多的人去思考交易是怎么回事。

做到这些其实还差了一样，就是科技含量。你的整个体系要有充分的数据支撑，为了更科学、更有效率地做交易，我坚持高投入研发《交易师》，希望后面有机会再给大家详细讲《交易师》工具的重要，软件被荐股软件弄得名声很臭，我说我在做软件的时候很多人不理解，不过请放心，我非常清楚自己在做什么，后面有时间我再给大家介绍我的想法、过程、能解决的问题和遇到的一些事。

我是徐小明，类似这样的文章以后会多发在微信公众号里，博客会依旧多发些行情的判断和分析，请关注我的微信公众号“投资明道”吧，ID：sinaxxm

原配图(2014090401)

作者点评

这是写的一些随笔，跟行情无关，后来我也写了很多随笔，以我的亲身经历或者我对事物的思考为主线展开的。

2016年09月12日

趋势破位

尽管上周五我判断今天走下跌周期的概率更大，但确实没有想到竟然是黑色星期一，导致今天大幅下跌的原因有很多，政策面的多一些，哎，政策不多说好坏了，我在昨天的周一操作策略里已经说过了，管理层只需要保证交易制度的公平、交易信息的公开透明就足够了，市场有自身的规律。比方说扶贫，真的不合适资本市场管，贫富是市场规律导致的，在贫困地区上市就免排队，这就有失公平原则啊。很多政策解读会传导，不能用手赞成就会用脚投票，前段时间的熔断机制也是。总想着帮市场，心是好心，越帮越忙。

越是简单的市场规则，越是有效。

好吧，回到主题，不管什么样的原因，最终市场破位了，今天的一根大阴线已经跌穿了趋势线，市场重新回到趋势线之下。这就比较重要了，就是说无论你怎么看好后市，也无论是什么原因导致的下跌，都没有这个跌破趋势线重要。重要一句话，趋势破位应该减仓。

长期趋势和短期趋势，分久必合，合久必分，现在已经很长时间合在一起了，距离乖离也比较近，而短期趋势和长期趋势乖离代表了短期将有一波单边市，问题的关键是，到底是向上单边还是向下单边？尽管我认为向上的概率更大，但依旧不敢不尊重趋势。所以我建议采取的策略是，向上突破趋势买入，向下破位趋势卖出。短期趋势和长期趋势之间会反复挨打，但没有大亏损，这期间如果有分时线的结构会好很多，甚至会有部分是盈利的，来对冲损失。可是现在这段时间很少见，中间没有结构，趋势反复上下震荡，震荡的时间长了，就会离单边的时间近了，所以越是这样，越不能弃趋势，而是越要尊重趋势。

从表面上看，如果你在更高的位置上买回来，你的卖出就是错的；如果你能在更低的位置上买回来，你的卖出就是对的。从交易层面，坚持按规则交易，就是对的，与盈亏关系不大。长时间坚持正确的交易方式，交易才会稳定。

作者点评

如果我们坚信价格是包容一切的，就不应该归咎于政策，市场上的一切结果最终都会反映在价格上。我们尊重规则、尊重趋势，就是尊重价格、尊重市场。

价格是包容一切的，趋势破位就是趋势破位，该减仓就要减仓，没有这里的减仓，哪来的后面低位的加仓呢？

2016 年 09 月 18 日

时间、空间和趋势

今天我从几个维度来分析一下目前的市场。

1. 时间。在时间上，时间总体是呈现对称关系的。在某一个区间感觉好像上涨的时间或下跌的时间明显占优，其实上涨和下跌是对称的。**这就好比仍硬币，你扔 10 次会有 7 次正面 3 次背面，也可能 2 次正面 8 次背面，但你扔一万次，就很接近于对称，5000 次正面和 5000 次背面**。大量无序的个体买卖会在整体上出现秩序，所以我常说上帝的骰子是公平的，市场也是公平的。2001 年至今大多数时间是下跌的，但 2001 年之前多数时间是上涨的。

股灾以来第一个波段跌了 3 个月，从 2015 年 6 月到 9 月；第二个波段又涨了 3 个月，从 9 月涨到 12 月末；第三个阶段只跌了 26 天，理论上时间是不够的，但空间够(一会我们再说空间)，所以当空间到达了的时候，时间未到通常会停下来等时间。我今年重仓抄底选了两个位置，一个是 1 月 28 日今年的最低点那天，当天即时判定低点，一个是 5 月 19 日。1 月 28 日主要考虑到空间的结束，空间为主择时为辅；5 月 19 日则主要考虑到时间，因为虽然并没有走 3 个月的对称，但下跌 24 天，而之前的下跌是 26 天，时间快到对称了，按照当时的速度很明显创新低的难度很大，我建议不要等创新低，该出手时就出手。现在回头来看，这两个抄底的位置在今年来看是不错的。但之后的上升，是要远低于预期的，并非是因为没有上升周期，而是因为上升周期并没有足够的上升空间，用一种极慢的速度在上升，空间没怎么涨但却消耗了一个上升周期的对称性时间。我在这个过程中一直强调速度问题，时至今日，尤其是在近期，我是坚决服从趋势的，因为在时间上不管涨没涨，这个周期的消耗已经很长了，风险永远排第一位。有时候我感觉庆幸底仓买的低，因为如果不是如此，这里的进攻和防守是应该大开大合的。

谈到时间，我们不能也无法回避空间。

2. 空间。空间上的应用我今年主要谈到了两点：一是去年股灾到今年年初，一共有 3 次幅度较大的快速下跌，也被称之为股灾 1.0、股灾 2.0 和股灾 3.0。当然后来很多人都在想会不会有股灾 4.0，我一直坚定认为没有股灾 4.0，主要也是因为空间不允许。你去仔细观察空间，三次股灾之前都有空间上的大幅上涨或大幅反弹，也就是说涨幅是跌幅的基础，就像去年我提前断定有断崖式下跌一样，大涨和杠杆滥用提供了股灾的基础。同理，没有上涨，就是没有股灾 4.0 的基础。

第二点是基于历史重复，每年基本上都有一到两波中级行情，即便是在大熊市的 2008 年，年初和年尾也有行情，这是为了市场的规模资金提供交易的可能，如果一年了都没什么行情对资金是比较伤的，对信心也是。所以从以往的经历来看，上半年没有，下半年很大概率有。这也是我特别看好今年下半年有行情的主因，我是这么说的，也是这么做的。

行情走到现在，在时间上不断消耗上升周期，时间的风险在加大，空间上却一直没有出现较大规模的上升周期。从收益明显地大于风险变成了收益和风险近似的一种状态，这就是目前相对情况比较复杂的原因。有的地方复杂，如果整体处于高位，能做能不做的，就可以不做；而这里整体处于低位，能做能不做的，要去勇敢的做，希望是我们勇气的源泉，不是吗？这也属于空间部分的应用。怎样才能保证，即便出现“极限交易”，再怎么**下跌也套不住你，而上涨也甩不掉你呢？这是有前提的，那就是要牺牲交易成本**。

谈到这，就无法回避另一个维度，就是趋势。

3. 趋势。常听说三句话：①价格包容一切；②趋势一旦形成即将延续；③历史重复发生。这三句话都是具有足够哲学思想分量的，我在学员区里深入哲学层面讲过关于"价格包容一切"和"历史重复发生"，而"趋势一旦形成即将延续"我没讲，也许我觉得我讲不好，也许我对此的理解还没有足够深，我只是知道趋势的重要。

重要在哪儿呢？**它能让我们在交易的历史长河中，永远都不犯原则性错误。想象那些极负盛名而最终失败在市场的人物吧，他们的成功各有不同，但失败的共性就是，没有充分的尊重趋势**。也许你没有意识到趋势的重要，这种意识是靠经历换来的。其实这是个伪命题，你没经历过你不会知道其重要，你如果经历过，你已经深深受伤。如股灾，对很多人那是噩梦般存在的那种痛。

可以这样讲，对趋势的尊重我是发自内心深处的。

根据这三个维度，给现在的行情做一下操作分析吧。时间上由于消耗了过多的上升周期而变得风险大于收益；空间上收益明显大于风险；整体位置，能做能不做的我建议大家还是积极去做，别怕被市场伤害，交易成本就当成是对市场的尊重，也是对趋势的尊重。结构只是趋势的辅助，不能越俎代庖，其目的是降低交易成本，仅此而已，不是决定胜败的关键。我发现很多人对结构的期待已经超过趋势了，这是我隐隐的担忧。

我思维严谨，请相信在任何时候都不会乱下结论。

作者点评

我的确是一个思维非常严谨的人，很多问题我都能想得很深很细，所以一般我给出交易建议的时候，都不会是乱下结论的，大多数有详细的论点和论据。本文我从时间、空间和趋势来描述和推理现在应该怎么做，相信原因才不会怀疑结果，做到知其然亦知其所以然。

2016年09月21日

今天我在学员区展示了A股十年来的涨幅，我们随机抽取了4个行业历史走势，为了确保是随机性，找了涨幅榜的前两名和跌幅榜的前两名，然后统计了最近十年这4个行业板块的最大获利幅度和到今天的获利幅度，统计数据证明，最高可以达到15~20倍左右的涨幅，股灾之后的今天这十年也有8~10倍的涨幅。

我们再看房地产市场，我找了3个城市的房价作为比对，2006年的平均房价，北京、深圳和郑州，数据表明，房地产市场同期的涨幅只有3.5倍左右，这还是都市的房价，城市的房价的涨幅在3倍以内。

这是个很有意思的现象，数据已经证明了股票投资在同期间的涨幅是远大于楼市的，但为什么大家都觉得楼市投资比股票投资靠谱呢？有以下几个原因。

投资者几乎都一样，从众的心理很强，只有赚钱才反过来证明投资选择的正确性，股票市场投资当看到别人都赚钱的时候，往往是高位了，从顶部的成交量和开户人数能看出这一点。今天的成交非常低迷，已经到了8月2日以来的新低。因为没有赚钱效应，所以股市的波动性影响了对于股市作为投资品种的判断。

楼市波动性很小，一直呈现上涨的走势，并且可以使用杠杆（银行贷款），楼市一直涨，赚钱效应非常明显，所以导致了普遍认为楼市比股市好赚。

而我又研究了另一个核心数据——M2广义货币，M2的量在过去的十年里，从13万亿增长到了139万亿。也就是说十年里增长了10倍，股票的涨幅跟货币的发行量关系非常接近。也就是说过去的十年里，大量发行货币导致了所有投资标的上涨，并且是大幅上涨。股市的走势即便超过房市，但由于波动性和入场位置，导致了股市的不稳定性。

房市单纯的幅度是不如股市的，但加上杠杆收益比股市多且稳定，这是不争的事实。那么这是过去十年里的走势，未来十年呢？

我认为股市会远远超过楼市，除了股灾之后目前属于低位之外，像北京的房价每平米已经5万了，从1万多，涨到5万涨了，涨了3.5倍，5万如果再涨3.5倍就是20万，这种可能性很低，就算5万涨到10万每平米，大家都会觉得涨幅很高了，杠杆的效率也会大不如从前。

比较起来，我认为股市将取代楼市成为未来十年市场的第一选择。

作者点评

我从一个数学的角度来谈未来十年是股市更值得投资还是楼市更值得投资，我说了几件事：

1. 随机选取行业的平均涨幅，说明股市的上涨是不弱于楼市的。

2. 股市的涨跌波动很大，大部分人是在涨的时候入场，这导致亏的人数多；而楼市长时间稳定上涨，盈亏并不分入场时机，再加上银行杠杆，涨幅比股市大。楼市里绝大多数人在绝大多数的时间里能够轻松获利，社会认可度明显强于股市。

3. 如果以正确的交易方式和交易理念来交易股市，理论上不会输于楼市。

4. 未来十年，楼市可能继续上涨，但因为基数的起点提高，杠杆效率会降低，同比大概率上回报率是不如股市的。

2016 年 09 月 26 日

第三次重要买入机会

今天两市都出现了大幅下跌，上证指数跌穿了 3000 点，很多人因为这一根大阴线而感觉到非常沮丧，但**我认为这将是 2016 年第三次重要的买入机会**。我从以下几个层面进行分析。

1. 时间。日线的下跌时间，今年以来最多的日线下跌周期是

26 天，其中 1 月 28 日低点之前的下跌是 26 天，5 月 19 日第二个低点之前的下跌是 24 天，今天走完深成指刚好是 26 天。所以我认为时间已经基本跌完了，从时间长度的角度。

2. 浪形。如果从浪形来看，1 月 28 日低点是 1 浪上升的起点，5 月 19 日是 3 浪上升的起点，那么**假如这里有 5 浪上升，最有可能成为 5 浪上升起点的就是近期，并且非常有可能就是明天**。

3. 结构。30 分钟、60 分钟、90 分钟全部都形成了底部钝化，各个指数也都形成了钝化，这种协调性已经在好几个月都没有出现了。

基于上述推理，建议明天逢低买入，明天是最佳选择。

原配图(2016092601)

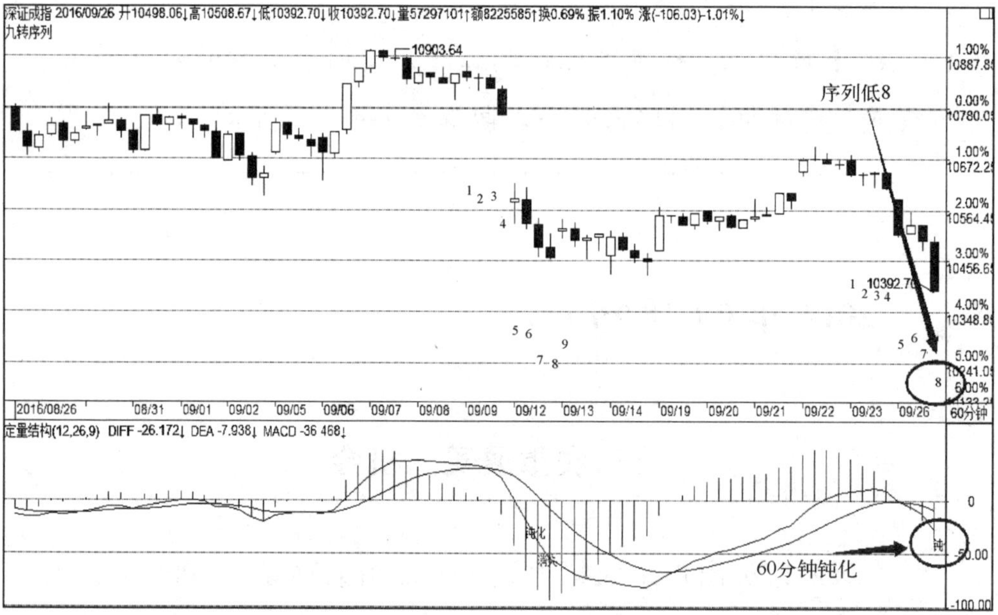

后配图（2016092602）

作者点评

2016 年确定了三次底部，第一次是 2016 年 1 月 28 日，第二次是 2016 年 5 月 19 日，第三次是 2016 年 9 月 26 日。第一次有 90 分钟结构，下跌了 26 个交易日；第二次有 90 分钟结构，下跌了 24 个交易日；第三次这里也有 90 分钟结构，下跌了 26 个交易日。

如果 2016 年是分为 5 浪上升，那么 1 浪起点是 1 月 28 日，3 浪起点是 5 月 19 日，最有可能成为 5 浪起点的就是 9 月 26 日，这是在已知的条件里得出来的结论。

9 月 26 日当日是大阴线，凡是大阴线就伴随着市场的恐慌，但交易要控制恐慌情绪，做好理性分析，所以我得出来不仅风险不大而且是 2016 年第三次重要买入机会。

2016年09月27日

放弃很容易，坚持很难

昨天我从三个维度，时间、浪形和结构来详细地描述了周二今天在交易上的重要性，因为最近一段时间是非常折磨人的，这我当然知道。交易和生活有时候是很相近的，有波峰波谷、有顺境逆境。逆境的时候，常让我们怀疑曾经深信的，这个时候对交易的整体思想来讲是一种考验，我经常鼓励学员做交易不要走形，无论是顺境还是逆境，**坚持正确的交易方式，要坚持下去。时间长了，你会体验到这种坚持所带来的厚重感**，明白其实我们对于逆境能做的不多，就是坦然接受和面对。

在这个基础上我们一直理性地思考市场、耐心地寻找机会，昨天我说周二今天这是今年自1月28日、5月19日以来的第三次最值得交易的地方，是非常理性的，我从三个维度来详细地论述这个推理的过程。这段时间行情的确很折磨人，尤其是对大家信心的冲击。**详细论述推理过程，才能做到知其然亦知其所以然，如果你相信我的推理过程，就会相信结果**，这会对你的交易增强信心。

放弃其实很容易，坚持很难。

这里绝不是一天的上涨，如果只是一天的上涨，那么我就没有让大家充分重视的基础，当然**我并不确定这里一定是一次底部结构的筑底，有的时候筑底是两次的，历史测算两次的概率甚至**

更大一些。**但对交易而言，你不能等第二次**，如果你从第一次开始把握，调整好心态，第一次不对第二次继续把握，你终究会得到你想要的。如果你侥幸，想从第二次再去把握，那么第一次筑底成功即便概率不大，但你有很大的概率会错失良机。这与概率大小无直接关系，是方法论的范畴，该出手时就出手。

我给出一些市场可能出现的情况：

1. 比较不理想的走势。市场继续出现连续下跌，所有结构消失，你不要觉得，哎呦，这次买入又错了，不要有这种想法，交易有时候就是把握大的地方多下注。我们在做一种正确的交易方式，但不一定是赚钱的交易，可是正确的交易方式能让赚钱变得相对稳定。**索罗斯曾经论述过关于人的不确定性，这种稳定是建立在相对的不确定性之上的**。

2. 比较理想的走势。市场在这个位置反弹 6 到 9 个交易日，部分股票会到止盈位，如果你设置合理的话，但市场没有转势，没有突破长期和短期趋势线，这种止盈只能部分对冲趋势反复的成本。左侧交易来修正右侧交易的粗犷。

3. 特别理想的走势。市场在这个位置进行今年以来的第五浪上升，行情因结构而起，却一举突破长短期趋势，依托趋势而行，5 浪上升会在 38 个交易日左右，也就是说接下来的两个月时间里，都是上升周期。如果速度快一些(当然比前两波更快的难度并不大)，就会迎来今年最好的一段上升周期。

作者点评

放弃其实很容易，难的是坚持，坚持正确的交易方式，坚持下去。

我得到这次低点是2016年第三次重要买入机会是有系统性的推论的，有论点也有论据，详细的论述推理过程，看我写策略的人才能做到知其然亦知其所以然。如果你认为我的推理过程有道理，相信原因才不会怀疑结果，很多做市场分析的人并不注意这一点，只是简单地给了一个结果，这是不够的。

我阐述了结构有可能是两重甚至是多重，但你不能等第二次底部结构，这一波就没有第二次底部结构，事实上2016年三次重要低点都是90分钟线一次底部结构筑底成功。大家要认真思考一下，我为什么说第一次底部结构筑底的概率要小于第二次，但就交易而言，你是不能等第二次的。

有一个细节，我在9月27日当时写了，如果走5浪上升，5浪上升会在38个交易日左右，而实际上那一波5浪上升到最高点走了41个交易日。

2016年09月28日

用结构要考虑两点

趋势为王、结构修边，这个核心的交易思想到今天已经很成熟了，比方说这里，行情在趋势线之下形成底部结构，不会有违趋势吗？其实不冲突，我们主要是看结构的级别大小。

通常来讲，多少分钟的结构，把它除以10再加一个天字，就能知道它影响的周期数。比方说 30 分钟，除以 10 就是 3，加上天就是 3 天，30 分钟的结构通常管 3 天的逆向周期。依此类推，60 分钟就是 6 天，日线就是 24 天，因为是 240 分钟。15 分钟就是 1.5 天，越大周期的结构影响的后续级别越大。

那么**在趋势为王的前提下，结构修边要考虑两点，一是结构到趋势的距离，二是结构的级别大小，推算逆向运行的周期**。如果结构到趋势很近，同时结构的级别又大，那么结构就会引发突破或破位趋势，结构就有预先性。

这次是 60 分钟和 90 分钟的结构，即市场上涨应该至少在 6 到 9 天，注意我的形容词是至少。如果成功引发趋势突破，后面继续涨其实跟结构的关系不大，是趋势接过了结构的接力棒。

综上所述，目前的涨幅不论从时间还是空间都远远不够，我并不认为反弹结束了。成交量低迷跟节前有关系，去年的十一也是这样，基本节前的低迷并没有耽误节后的上涨，主要涨幅是在十一长假之后形成的。

不要总拿成交量说事，成交量不是涨跌的必然基础。

作者点评

首先是趋势为王的，趋势才是交易的核心，这点大家要牢记。结构只是辅助趋势的，我们找结构就是判断结构引发的转折点能否帮助行情突破或破位趋势。我们可以这样理解，钝化是趋势的降速，结构形成是趋势的转折点，趋势突破或破位是趋势的确认。

2016年10月09日

股市楼市都会涨

时间过得很快，转眼间假期要结束了，回到紧张的交易当中，先来看看假期市场出现了哪些消息面的变化。

首先肯定是各地房地产市场的调控政策，从北京开始陆续地有接近20个城市出台了房地产的相关政策，主要是针对近期的房价火爆式的上涨。房价的上涨有一定的必然性，其根本原因是因为两个因素，一是货币超发、二是城市化进程。广义货币十多年的时间里，从13万亿到139万亿增加了十多倍。也就是说，你如果在这期间做任何方式的理财，如果没有增长十倍，实际上是跑输了货币的发行速度。你会发现几乎所有的资产都在涨，包括股票。我曾经例举了股票市场随机挑选的几个行业，几乎都是十多倍的增长，其涨幅是大于房地产市场的，那为什么房地产市场会普遍认为投资比股票更靠谱呢？

原因是房地产市场走得非常稳健，而股票市场则有很大的波动。对普通投资者而言，股票投资的择时是很难的事情，房地产投资的择时则很容易，几乎什么时候买房都赚钱。实际上房地产房价在最近的十年里，增长了差不多3.5倍左右，并没有赶上货币发行速度，也没有赶上股票的上涨速度。但房地产市场有杠杆，在一个只涨不跌的市场里，杠杆的作用太大了。各地的房地产市场的调控制度主要在控制商业贷款，也就是控制杠杆比例和效率，这对于抑制房价过快增长是行之有效的。我判断房价依旧会涨，主要是因为货币发行速度短期内降不下来，城市化进程短期内也还会继续。这些不是我要说的重点，我要说的重点是股票也会涨，并且我认为未来如果以 5 年为一个阶段的话，股票的投资回报也许会超过房地产的投资回报。

第二是美国为代表的国际指数假日期间是走平的，没涨也没跌，所以也不用担心对 A 股市场的影响，其实即便有涨跌，对 A 股市场的影响也是暂时的。其他的消息都比较真空，没有特别值得注意的消息。

如果消息面是这样的一个情况，A 股应该延续假日之前的市场走势，而不会受到外国市场的影响。我还是维持节前对市场的判断，这个假期应该是上升周期的过程中，节后的上升时间周期应该比节前的时间周期更长。这个观点，在短期内可能没有太大的变化。

这不是关键，关键是有些时候你不能过于保守，未来还有两个对于 A 股非常实质并且时间越来越近的利好。一个是 A 股加入新兴市场指数，一个是深港通。你太保守会越来越被动，至于其他的细节描述，再根据节后的分时线进行详细分析。

（谢百三先生的过世，表示很歉意，之前我认为水皮先生的话有道理，因为中秋期间谢教授的部分言辞可能有些过激了。一个人知道自己病重的时候，我开始能理解他对市场的这种急切。百三先生说过这样一句话，炒股也许会亏一时，不炒股可能会穷一生。所以我开篇用很长时间来论述股票和房地产的投资回报，在货币超发的时代里，我们应该更客观地看待问题。我赞赏谢先生的这句话。）

作者点评

股市的涨幅并不比楼市差，但为什么大多数人认为股市投资不如楼市投资靠谱呢？我在本文阐述了两个原因：首先是股市的波动幅度大，而大多数投资者入场时机都是在高位，因为波动幅度大，错误的交易理念和人性，导致在波动的过程中损失掉了；其次要想在股市里赚钱，入场时机的择时很关键也很专业，但房地产市场长时间稳定向上，择时对于房地产市场并不是关键的，也不需要专业性，不论谁也不论什么时间入房地产市场大多都是盈利的。这两个原因导致很多人对股市和楼市的看法产生很大的差异。

忽闻谢百三先生过世的消息，我为什么公开表示了歉意，主要是因为他曾经在中秋节的时候提出过对资本市场的质疑。他当时的质疑很情绪化，我认为质疑的过程不够严谨，不像是一个大学教授的言论。但当我知道这么短的时间里，谢先生就因病去世了，我突然就明白了为什么谢先生显得那么急切。

顿时就觉得我在当时对于谢先生的质疑过程论据不够严谨深表歉意，不知道谢先生已经身患重病，如果我知道自然能理解谢先生对中国股市急切的拳拳之心。

虽然我的歉意，谢先生再也看不到了，但我还是要公开致以诚挚的歉意。

2016 年 10 月 10 日

顺势而为

节前我在 9 月 26 日盘后用了大篇幅来描绘那里抄底的重要性，我是从两个方面来论述的。第一个是机会出现的并不多，90 分钟线的底部结构，一年只出现了 3 次到今天为止哦。前两次我们也抄底了，常看我博客的人都知道。这是第三次，从浪形上来看，第一次是 1 浪的起点，第二次是 3 浪的起点，这一次很可能是 5 浪的起点。所以不要再犹豫抄不抄的问题，一定要抄，要研究抄多少。

第二个方面是关于抄多少的，要考虑两个要素，一个是底部钝化的级别也可以叫做强度，另一个是到趋势的距离。起主要作用的是到趋势的距离，**结构是服务于趋势的，而不是要违背趋势**。如果结构能够引发趋势突破，就要重仓；如果结构不能引发趋势突破，底还是要抄，但要轻仓。这里我是建议重仓抄底，原因就是到趋势的距离很近。90 分钟通常引发一个 9 天左右的上升，这个上升周期冲过趋势的概率很大，当然没想过今天就长短期趋势都冲过去了。钝化的级别大，可以择时，我在学员区建议重点要放在 9 月 27 日开盘后的第一个小时，因为 60 分钟线九转序列在 26 日收盘出的数字是 8，次日的第一个小时出 9。

今天长短期趋势都冲过去了，趋势作为最后的防线，大家不能违背，违背趋势会出现原则性错误。如果下降趋势里你违背趋势，就会出现原则性套牢，去年股灾就是，如果上升趋势里你违背趋势，就会出现原则性踏空。今天趋势突破过去之后，你如果不能逢低买入，那么你也要下决心买入了。这是对市场和对趋势的充分尊重。

另一个要说的是关于操作，上升周期里，个股会出现价格波动的快慢差异，也就是我们常说的节奏之分，你会遇到涨得特别强的或特别弱的。所以之前我比较建议分仓，分仓是为了获取市场上涨所带来的平均利润，然后时间会帮我们找出市场的节奏感。节奏感不难踏准，但如果你卖强买弱，如果弱的补涨你会叠加利润；但你卖弱买强，可能第一波的钱没赚到第二波可能还亏一下。

择时比较难，节前的那次抄底，是择时。大盘迟早会重新进入到上升趋势里，那时候我们就不用择时了，安心选股即可。

作者点评

结构是为了服务于趋势，而不能违背趋势，违背趋势会出现原则性错误的。违背上升趋势会出现原则性踏空，违背下降趋势会出现原则性套牢。10 月 10 日因为首次突破趋势，所以我再次强调了一下趋势的作用。

2016 年 10 月 16 日

调整好心态

指数走到现在，很多人都觉得指数走得好慢，虽然我也是期待指数能快速向上，但这种事是急不来的。市场有自己的运行规律，通常在相对较大级别低点的时候，底部都很慢。离现在远一点的 998 点底部和 1664 点底部，近期如股灾前的 1974 点，这些底部时的行情启动点，仔细观察这些底部都运行了好长时间。所以每当我发现有很多人不太耐烦的时候，就很想告诉他们要耐心一点。相反，大跌之后如果快速上涨，通常都没什么规模性行情，多是反弹。

我们可以理解这是一种资金的行为，这一波行情底部的时候，我在 2016 年下半年投资策略报告会上是这样形容这波行情的，这可能是 2016 年最大的一波行情，但今年空间上依然不会很高，至今我依旧是这样认为的，因为我们就算不说 5000 多点的套牢筹码，国家队救市形成的筹码密集区也是阻力非常大的。

所以当时**我判断 2016 年的下半年会有一波行情，但运行的波动幅度不会太大，就是考虑到这波不会让顶部的套牢筹码解套的，多在 2800 点到 3500 点之间**，也就是说大盘很难一蹴而就去勇敢解套成交密集区。未来也许会去解套成交密集区，甚至我曾说最快明年就可能，但不是这一波，这需要时间。这一次不会，空间上代表了市场不会有太大的行情规模，我是相对客观的，但对于 2016 年来讲，这依旧可能是相对今年最大的一波行情。

然后就出现了目前的这种走势，大方向略向上倾斜，你也可以看做是略向上倾斜的三角形整理。市场不涨，但也不怎么跌，或者说调整的幅度逐级减少。长时间的、窄幅的整理，期间来回震荡。这体现出市场既不愿意给上面套牢的人轻易解套的机会，也不愿意让场外资金更低的入场位置来捡股灾后的便宜。用了其实过去一直都有用的老方法，核心就是用时间和耐心来换底部筹码。

原配图（2016101601）

这种时间消耗也不会永远都这样持续，一是行情已经运行到三角形整理的末期，一旦冲过整理区间，市场就没有不加速的理由。总体来讲今年到目前为止并不太好做，还好我们早有预期和准备，而且我们对现在有敬畏之心，对未来抱有希望和信心。我曾经说过，我们成功躲过 3 次股灾，但这不是目的，我们的目的就是抄这个底。**市场很公平，现在这样的市场大多数的市场参与者都不好过，我们在这个人群里，只要调整好心态，坚持正确的交易方式**，曾经承受的所有的痛苦都将成为未来幸福的原由。

作者点评

国家队入场成本区间在 3400 点到 4000 点之间，这个区间也成为了股灾之后的成交密集区。我认为轻易是过不了成交密集区的，国家队解套了杠杆踩踏的风险，谁来解套国家队呢？答案应该是时间。很明显当时的时间还不够，经过时间的洗礼，这个成交密集区也会成为比较远的历史，越远的事情对当前的影响会越小。

有人说治疗失恋最好的方法是时间加新欢，如果效果不好，那是因为新欢不够好或时间不够长，哈哈。治疗套牢密集区最好的方法也是时间和新行情，如果疗效不够好，那是因为新行情不够好，或距离套牢密集区的时间不够长。

我在学员区曾经跟大家讨论过关于失恋的话题，我是这样描述我曾经失恋的状态：曾经以为最伤心的莫过于心碎，原来心碎的感觉却可以加倍。醉过方知酒浓，爱过才知情重，失恋是一种宝贵的经历，它能让你对感情和对自己有新的认识。

对曾经股市里失败的经历也是如此，在你经历过失败之后，你会对自己和对市场有新的认识。而失败之后的成功，你才能感受到成功的意义里那种雨过天晴、苦尽甘来的厚重感，是如此的美好和如此的弥足珍贵。

2016 年 10 月 20 日

均线法则

格兰维尔八大法则里曾经说过，短期均线围绕长期均线运动。趋势也是如此，比方说 1 月 28 日那里出现的底部结构，虽然结构在较大的分时周期形成，但毕竟是在长期和短期趋势的下面很远的地方，这时候我们叫乖离率很大。所以 1 月末的那一次抄底，你不能仓位太重，因为你预期不了后面有很大的上涨。

后来 5 月 19 日那里是我确定的第二个低点，仓位也不建议太重，虽然之前的下跌速度很慢了，但依旧是长期和短期之间是有一定的距离的，这个有点像我们经常说的，**分久必合、合久必分**。短期趋势在长期趋势下面乖离率很大的时候，说明跌速很快，由下降趋势转为上升趋势的过程里，需要经历长短期趋势的弥合阶段。5 月份那次比较接近了，但仍有不足。

第三次确定低点是在 9 月 26 日收盘后，我认为 9 月 27 日形成低点，并且明确表述这是 2016 年以来第三次相对确定的，是重要的低点。这次我们再看趋势，短期趋势和长期趋势有高度的重叠，也就代表合在一起了，这是一种单边市的蓄势。从攻击形态的角度，第三次也就是这一次，攻击形态是最完美的。

作者点评

我把自己对市场的全部认识，录成了40多个小时的系统课程，这套课程非常庞大，包含了对市场的各个方面的了理解，放在学员区里供学员免费听，其中有一节课讲得就是格兰维尔八大法则，非常经典的均线法则。

我举两个简单的例子。

首先格兰维尔八大法则里明确描述了，长期均线走平或向上的时候，短期均线在从下上穿长期均线才是真正意义上的金叉。长期趋势向下的时候短期趋势上穿长期趋势并不是金叉。那些说金叉买入、死叉卖出的，如果不考虑长期均线的方向，而在下降趋势里金叉往往不是买点而是卖点。

基于这个原理，当长期趋势向下的时候我抄底并不敢仓位太重，因为即便形成了长期趋势的突破，也不是金叉。当长期趋势走平或向上的时候，价格如果突破长期趋势，我就重仓，这是基于格兰维尔八大法则的思想的。

其次是短期均线围绕长期均线运动，也就是我文中所说的分久必合、合久必分。短期均线围绕长期均线，它是一个接近、远离、再接近、远离的循环过程。这个过程并没有方向，但不论是向下远离还是向上远离，最后都遵循接近。所以我们能得到一个基本逻辑，远离的过程是波动幅度变大的过程，当短期均线接近长期均线甚至是缠绕的时候，就是即将价格波动幅度变大的时候。

2016 年 10 月 30 日

时间上的顺序

上周市场指数在较大的分钟周期出现了顶部结构，我提示了风险并在盘中确定了这些结构，当时是 60 分钟、90 分钟、120 分钟、日线，都有钝化。从钝化的级别上来讲，小周期要强于大周期，也就是说如果小周期继续上升，小周期的钝化还会保持，但大周期可能会消失。这样不同周期它们的协调性会有一定的变数，我在盘中也考虑到这一点。

当时我给了几个时间点，一个是周三上午的 10:30，一个是周三下午的收盘，一个是周五下午的收盘。这三个时间点都是有原因的，我在学员区盘后的系统课里进行了详细讲解，为什么选这三个时间，**它们有一个时间顺序，比方说到第一个时间点的时候，如果没有变化就可以用排除法观察第二个时间点，第二个时间点如果没有变化就观察第三个时间点**。假设第一时间点被排除了，那么就到了我上面说的小周期钝化还在，但稍微大一点的周期钝化会消失，只是可惜第一个时间点就形成了结构，结果引发了连锁反应。小周期引发了中周期，中周期再引发大周期，最后不论什么级别，所有钝化的周期全部行成顶部结构（60，90，120，日线）。

作者点评

我在很多时候讲到过时间顺序，比方说你对未来有几种判断，这些判断你要注意它们的时间顺序，有了时间顺序的排序，你就可以用排除法，依次排除你的错误判断，直到正确的判断产生。

2016 年 11 月 29 日

牺牲交易成本换去确定性

今天 14:00 上证指数和深成指再次形成了 60 分钟线的顶部结构，通常 60 分钟的顶部结构会形成反向的运行周期 6 个交易日左右，所以建议防一下。上周我们也防了一下，也是 60 分钟的顶部结构，当时是第一次形成。

有时候顶部并不是一次筑顶就能形成的，比方说这里的 60 分钟线，上周第一次形成顶部结构的时候，我是不知道会不会有第二次，所以正确的做法应该是先进行减仓。后来在周五的上午出现了快速的下跌，但那个下跌虽然具有恐慌性，却在盘中构筑了尖底，盘中很难买回来的。到尾盘，第一个顶部结构消失，也就是我们确定性第一次筑顶不对，建议买回。然后第二次顶部结构再次形成的时候，建议再次卖出。

你可能觉得这样做很麻烦或者说很别扭，但你如果仔细想一想，这是最合理的操作方式。尽管一次筑顶的概率没有二次的概率大，但你依旧要在第一次做反应。因为有二次，无非就是多操作了一次，但要是没有二次，你第一次不理，就错大了。买回的意义在于如果第一次顶部钝化之后，后面加速，第二次就有可能不形成了。即便是形成第二次，如果形成的时间晚，卖出位置也可能会高于买入位置，就算是低也不会低很多，只是牺牲一些交易成本。

牺牲交易成本能换什么呢？

换取确定性，涨的时候甩不掉你，跌的时候套不住你。

原配图(2016112901)

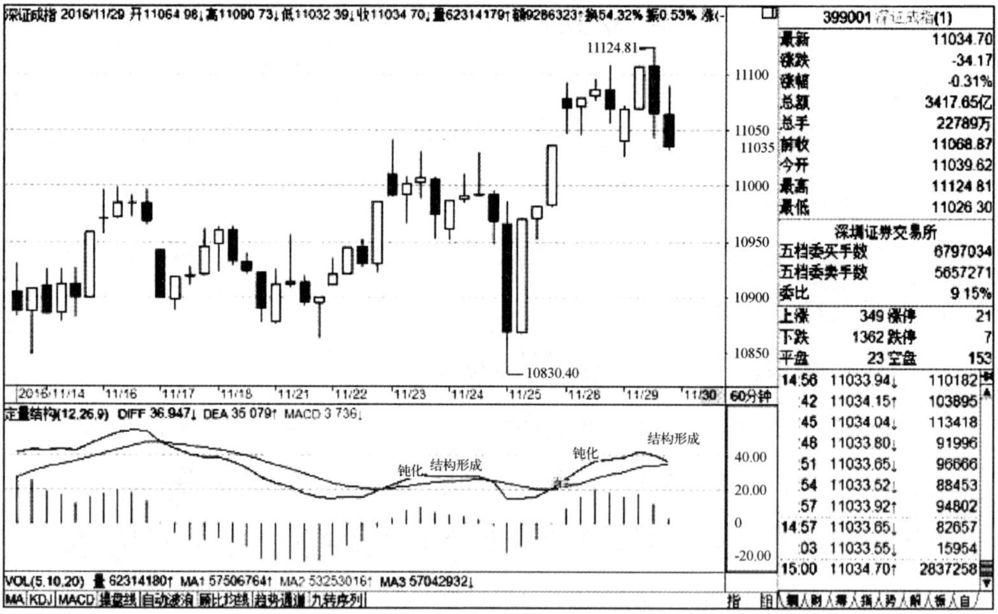

后配图(2016112902)

作者点评

60分钟是出现了两次顶部结构的，第一次顶部结构形成卖出，但随后证明卖出的不对，纠错买回来，第二次顶部结构形成还是要进行卖出的。这里面有以下逻辑问题：

1. 前面有论述过，如果第一次顶部结构就形成高点不卖的将可能被套。

2. 如果第一次结构被证明错了，第二次又不知道什么时候才能出，最佳的方法是纠正第一次的错误，因纠错而会增加交易成本。

3. 当第一次是错误的之后，会有一定的情绪影响，导致第二次结构形成的时候执行意愿降低，这是人性的部分。专业的交易就是要克服人性的弱点，使得交易有纪律、有规则。

4. 仍不排除第二次交易也是错的，继续增加交易成本，但这种交易成本的牺牲，会增强确定性。比方说这里，如果高点对了套不住你，如果高点不对也甩不掉你。如果你想做到筑顶套不住你，上升甩不掉你，交易成本是必须要付出的，这里有必然的因果关系。

第二次逃顶，逃了2016年的最高点。

2016年12月08日

速度定量时间

昨天说最有可能反弹结束的时间应该在今天上午的9:30至10:00这个时间段，这个是应用美国比尔·威廉姆一致性获利法的4浪穿轴方法，我在很早以前解决了时间跨度的问题，因为在一个周期能解决参数的量化，不能换一个周期就不行了，也不能两个周期用同样的量化标准。这一波也是改过参数的，从(6，40，6)改为(7，52，7)，因为1浪起点到3浪终点的K线数从72根线到92根线多了20个周期，所以参数要跟着调整，这样量化才能做到相对精确。

那我为什么说是今天上午的9:30到10:00呢？拿昨天的收盘价格来说，深成指15分钟线在参数(7，52，7)的时候，DIF值是-8.87，上一个周期的值是-16.81，代表了每个周期的变化

值为 8，这样 8.87 很容易就穿轴。如果第一个周期涨得多，就第一个周期穿轴，正常情况，应该是第二个周期穿轴。第一个周期是 9:30 到 9:45，第二个周期是 9:45 到 10:00，所以我说大概 9:30 到 10:00 这个周期结束。如图，10 点上穿零轴，在量化的角度是精确的。

昨天上午的这个反弹我在前天就提到了，但浪形是在 3 浪的下跌之后，3 浪又是主跌浪，是跌幅最大、速度最快的一波下跌，所以随后的反弹只是一个小级别的反弹，不论是从浪形上还是从周期结构上看不出有太大规模，但如果这个下跌走完一个完整的 5 浪意义就不一样了，最高点时我们认为有 6~9 天的调整周期，第一个阶段的下跌有可能全部结束。

那么后面会不会有第二波的下跌，现在判断不出来，需要根据反弹的情况来定。

原配图(2016120801)

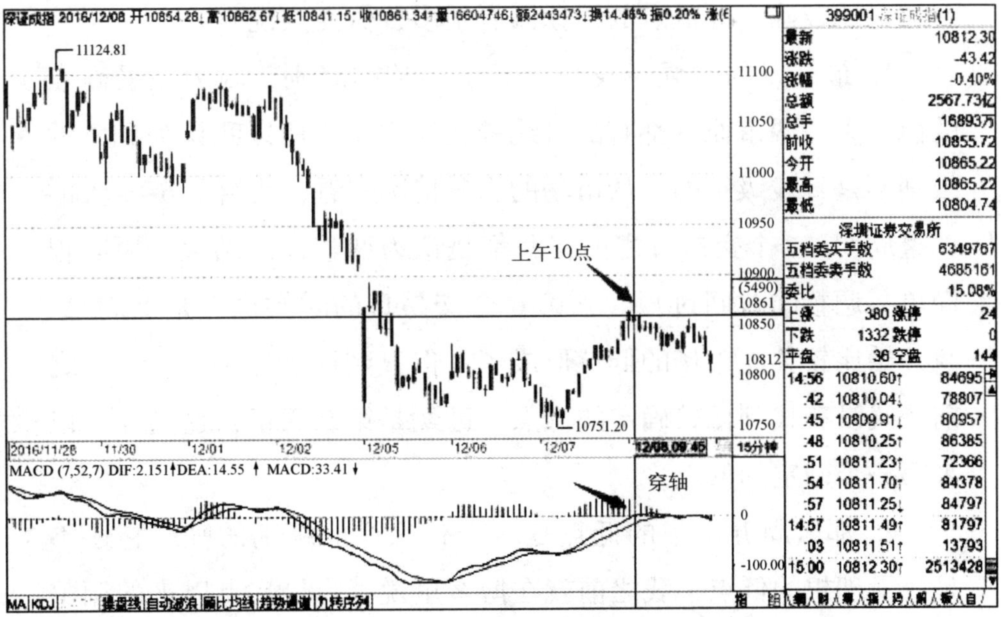

作者点评

这里用 DIF 值变化的速度来量化了时间，速度等于单位时间内移动的距离，上穿零轴是量化标准，如果时间乘以速度等于距离，那么距离除以速度就等于时间。

2016 年 12 月 11 日

细节判断

上周五的上午市场是出现了自 11 月 29 日最高点以来的第一个相对比较确定的低点的，原因有很多，做几点说明：

1. 最高点的时候，我曾定义了调整的级别，因为在最高点的前一天，两市原本都有的日线钝化消失了，所以我认为调整的级别不是日线级别的，从市场的当时情况来看，我给了 6~9 天的调整周期。6 个交易日之前，我都是认为调整没法结束，原因很简单，调整的时间过短。到第 6 个交易日的时候也就是上周二，我开始比较关注市场的低点形成了，但直到周五上午的 11:05 之前，我没有找到比较确定的低点，已经是第 9 天了，这是 9 天以来第一个确定的低点。

2. 那么周五上午的低点是一个什么样的级别的呢？它还不是我最理想的低点，我之前就在博客里说了，最高点以来的调整在浪形上如果走一个明显的 5 浪下跌，当一个完整的 5 浪运行完的时候，那个点是最理想的。但我需要考虑的问题不只是浪形，而是分化之后的浪形。

3. 这个分化的浪形里，创业板指数代表了很多小盘个股的一种走势，周五上午的 11:05 它有以下特征：日线钝化、30 分钟钝化、15 分钟线钝化，15 分钟线如果结构形成会引发 30 分钟线结构形成，进而可能会引发日线结构形成，虽然这种可能性并不大，我在周四的时候说成功率不超过 40%，但依旧值得我们重视。

4. 15 分钟线在钝化的状态下，出现了九转序列的低 9，时间刚好是 11:00 到 11:15 这个周期，我知道这个周期要形成一个低点的，所以盘中即时确定了这个低点，其后到中午收盘的时候 15 分钟结构和 30 分钟结构都形成了。当然下午的震荡盘下市场又创了新的低点，但从交易的角度，后面怎么走当时是不知道的，当时我能确定是低点，**在盘口的即时确定上，我们基本上已经做到全国顶尖**。

5. 日线的钝化最终消失了，没能维持住钝化，这是比较遗憾的，所以近期既没有大周期下跌(日线没有顶部结构)，也没有大周期上涨(日线没有底部结构)。大战役目前看不出来，只好再次聚焦小周期，如果向下继续关注一个 5 浪的完整下跌结束，如果向上，则注意观察力度和角度，以判断后续是否有第二个阶段的下跌。

作者点评

行情判断就是你在已知的市场行情里能够提取多少有价值的线索或信息，注重各种细节，然后将这些细节和信息进行汇总，得出结论。

2016 年 12 月 12 日

进退有序

周五上午 11:05 的买入，其背后的原因有两个：一是我们 11 月 29 日最高点减仓，当时没有日线顶部结构，最多就是分钟线 90 分钟的顶部结构，所以我推断这里的调整是 6~9 天的调整，当时看不出有太大级别的调整。二是 15 分钟、30 分钟和日线多周期底部结构的共振，那里也算是自 11 月 29 日看调整以来唯一相对不错的低点了，尽管这个低点可能失效，我一直说是小概率，但我的建议是别怕错，低点出来了勇敢抄，如果不对就先出来，择机再抄。只有这样才能把握低点，抄底其实没有侥幸，也不能靠运气。

今天上午 10:00 的时候，基本上 30 分钟的钝化消失，9:45 的时候 15 分钟的钝化消失，上周五收盘的时候日线的钝化消失，三个钝化到 10:00 全部消失，所以我直接建议把上周五上午

11:05 买入的仓位卖出。当时可能很多人并不理解，但之后的狂跌证明了纠错是对的，即便**市况比较差，但在交易上依旧没有走形，买卖有据，进退有序**。

我们用一致性获利法的 4 浪穿轴来定义 4 浪高点，15 分钟线本来想走一个完整的 5 浪下跌之后再确定低点的，结果今天的加速直接导致浪形要重新划分了，目前可以定义为 30 分钟线的 3 浪主跌时期，明天上午如果低开往下探，会形成这个 30 分钟的 3 浪低点，因线段的对称性，只是止跌但不涨，明天上午惯性下冲你若受不了减仓了，你的短线交易就不合格。

反弹之后如果再下，才会形成真正的买点，而这个时间并不在明天，明天的可操作性不强。

原配图(2016121201)

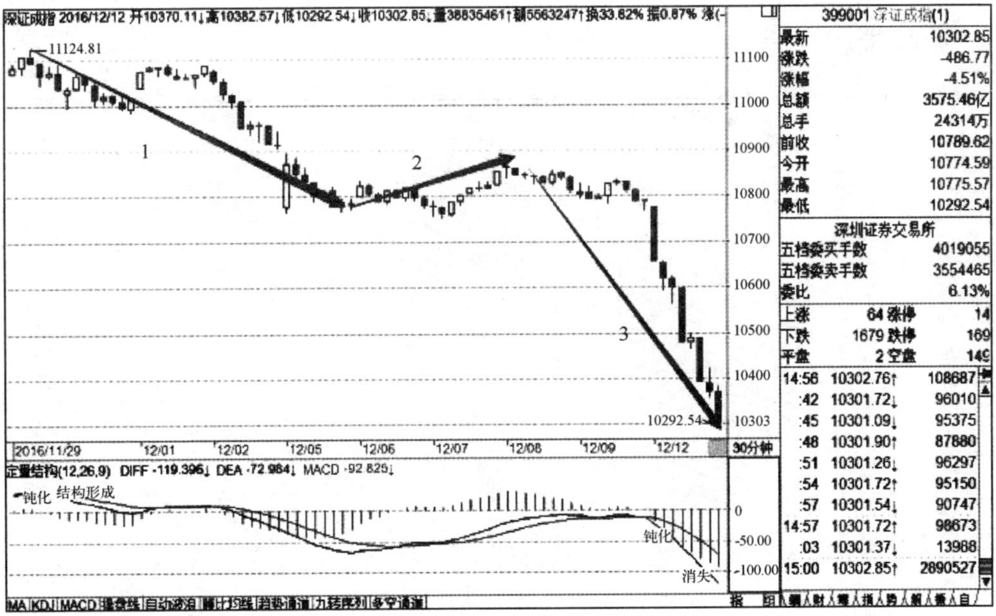

今天的成交量比上一个交易日多出 30%，代表恐慌性已经出来了。**理性、客观、不加情绪地判断市场在当下非常重要，这波最高点减仓不是因为运气好，而是即便在当时一片看好的情况下，我们依旧具有独立客观的判断能力**。现在这里也一样，如果买入的标准出现了，我们会再次买入。

市场的大众声音，尽量不听或少听，因为人在一个群体里，智商会普遍拉低，从众的情绪会让你失去判断力。

作者点评

本来 15 分钟的 5 浪下跌，变成了 30 分钟的 3 浪主跌，行情变化了要尊重市场。如果你充分尊重市场，就会明白市场永远都是对的，错的只是我们自己，而我们能做的就是在行情面前认错和纠错。

2017 年

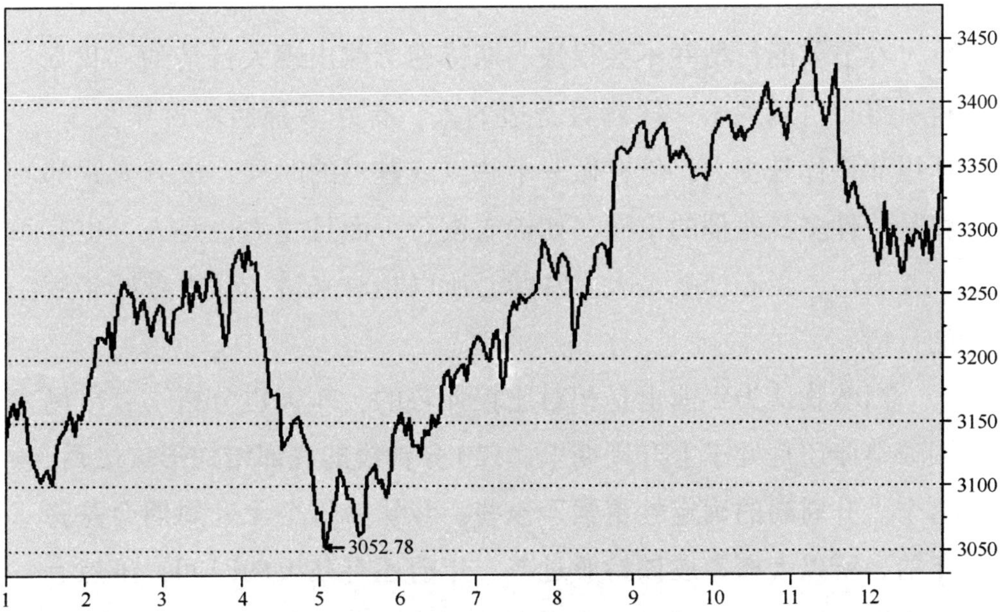

2017 年上证指数收盘价

2017 年

2017 年 01 月 23 日

持股过年

春节前的行情并不会很快，期待春节前出现大行情的，我觉得有点盲目乐观了，你看看身边的人，有好多都回家过年去了，所以如果你是主力，你在做一个热点或题材的时候，没有人跟那将是一件多么悲催的事啊，如锦衣夜行，而且主力也是人，也有妻儿老小，无心恋战是人之常情。所以相对来讲，我更看好年后的行情。

当然我认为年前也是相对比较强势的，昨天也分析了，市场因为整体还是处于上升周期里，120 **分钟线的底部结构形成之后，这个上升周期的确定性更强了一些**。**我认为这个上升周期会是跨年的，所以大概率应该持股过节**，年前还有几天的时间，虽然有了大概率，最好还是进一步观察一下，提高确定性。

今天盘中虽然成交量放得并不大，但还是稳步上攻，成交量不是涨跌的必然基础，大家不用担心这个，涨了成交量自然会来的，关键是信念，很多人就不相信会有大牛市，不相信 2017 年会是井喷之年，这才最大的问题。所以我尽量说得更肯定，2015 年我说主基调是断崖式下跌；2016 年我说主基调是抄底，但没有大行情；2017 年我认为有大行情。

我是这么说的也会这么做，知行合一。

2017，一切基于信念。

作者点评

当然事后证明，对于2017年是井喷之年的看法过于乐观了，但我最开始判断的依据是：2016年是股灾之后的第1年，也是日线的第1浪上升，向上运行了十个月的上升周期。然后2016年年底出现了对应的日线2浪回调，由于从盘面来看再创2638点的可能性比较低，那么日线上2017年大概率就是走3浪上升。

3浪是波浪理论里的主升浪，如果3浪都不能看主升的话，全部8个浪形12345浪上升和ABC浪的调整，则没有可以看主升的时段了。当然2017年日线上确实运行了上升周期，中小板指数也确实运行了主升，香港恒生指数不仅运行了主升还创了历史新高，但A股市场到2017年底虽然运行上升周期，但速度极慢，跟我期待的3浪主升有很大的区别，这也是2017年底做“主动性防守”的主要原因。

但年初是不知道运行速度的，只知道运行上升周期，并且1浪的上升周期很大(十个月的上升周期)，3浪如果是主升的话，假如也是十个月的主升期，将是最近几年最好的行情，我考虑到这种可能性，建议大家做好2017年有大行情的准备。

2017 年 02 月 12 日

保持原有姿势

春节之前我在描述行情规模的时候说，行情会持续到春节之后第二周的中段，也就是上周的中段，但并不是说这个时间行情就会进入到调整周期，不是这样的。比方说 2008 年 1664 点有结构，**结构起到的作用也就是初期的阶段，涨到 3478 点是因为趋势接过了结构的接力棒**。

分钟的底部结构并不会影响太长的时间周期，确定的上升周期最长只有 12 天左右，就像这波的顶部一样，我们 11 月 29 日最高点卖出的那天，当时也确定不了是一个连续的日线级别的下跌，从结构的级别上只能认为有一个 6~9 天左右的调整，然后到第 9 天也就是 12 月 12 日行情出现了加速，基本上可以判定行情的下跌规模是更大级别的了，但更大级别的下跌并非是小周期顶部结构带来的。

这里的判断逻辑也是这样的，**确定性的上升就是到上周三左右，上周三这个时间到了之后，并不是说一定会下跌，而是进入到不确定性了，通常这种情况下我们就不给行情以方向，**没有方向的时候，就把操作的判断周期放短，看看分钟线的周期有没有小的相对确定性的高低点，要操作得更小、更细。**行情就是不断地在确定性和随机性之间来回切换，没有概率优势的时候或没有答案的时候，可以不给答案，绝不要乱给答案。**

在上周二的时候，30 分钟线出现了顶部结构，我判断大周期的上升也就是在周三左右，所以这个时候的判断就放短了。当时我是建议先部分回避调整，但事实证明这个 30 分钟的顶部结构只调整了一天，在周三下午就消失了，所以我即时明确表达，买回来卖出的仓位，你可以叫这样的操作为“差时等换”，差开时间换换股。但不是所有小周期高点都要进行差时等换，比方说 30 分钟之前也出了一次顶部结构，因为大周期没有到 12 天，没涨完，所以我就建议不理它。只有在大周期方向不明显的时候，小周期才能放短。在小周期出现高点的情况下，我们应该也只是做一个小仓位的防守。防了但不跌，那未必是坏事，我在那几天的文章里多次描述，不要期待大跌，大跌对市场所人都没好处。

大盘进入到现在，中周期已经没有方向了，不再像年前那样确认上升周期会持续到 12 天左右，小周期也没有高点，你仔细去看各个指数的各分钟周期，从 15 分钟看到 90 分钟，你会发现各周期并没有顶部结构，甚至连顶部钝化都没有。这种情况也并不复杂，保持原有的仓位“姿势”就好，呵呵。时间会改变一切，我还记得有一段时间大、小盘股出现分化，结构的形成都是指数之间各自为战的，大盘股指数顶部结构，小盘股指数底部结构，当时我也说时间会改变一切。到了 12 月 17 日的那个底部结构，上证、深成、创业板就都是底部结构了，难得协调一致了。

所以简单点来说，从当下的仓位上，保持现有的状态。

那么在热点上呢？你在某一个时间对于市场热点的判断是不够全面的，上周的前四天都是小盘股明显强于大盘股的，但周五就不是，周五反过来，大盘股涨，小盘股跌。你如果放到更大的周期，你会发现上证指数多代表大盘股，周线要比小盘股强。如果再放到更大的周期，比方说月线，你又会发现创业板指数代表的小盘股，月线要比大盘股涨幅大。所以你不能简单去定义未来一定是大盘股或小盘股更好，所以我的建议大、小盘股要均衡配置，配置的时候还要有技巧的，尽量配置“最强的”和“最弱的”板块。

对于板块的强弱，交易师的“星空雷达”是一个特别实用的工具。前些天我用星空雷达扫描给了一些强势和弱势的板块，我建议大家每隔一段时间去扫描一下。

作者点评

我们经常会看到一波行情的起点位置是带结构的，但结构的作用并不会管用很长时间，核心是趋势为王，结构的作用是辅助和服务于趋势的。结构引发了趋势的转折，后面的行情其实起作用的是趋势，结构的作用就是形成结构的 24 个周期而已。比方说 15 分钟线有结构，起作用的周期就是 24 个 15 分钟，即一天半时间；30 分钟线有结构，起作用的周期就是 24 个 30 分钟，即 3 天的时间。

如果日线有结构，那么对应的周期就是 24 个交易日，如果涨 24 个交易日，那么大概率下降趋势就会被突破；如果跌 24 个交易日，那么大概率上升趋势就会被破位。24 个交易日以后其实并不是结构在起作用，而是趋势延续和接管了后续对市场的作用。

小周期的结构假如你判断不能引发趋势的突破或破位，这种结构其实是没有操作意义的，所以大家切记核心是“趋势为王、结构修边”。假如你判断可能会引发趋势的突破或破位，但实际上 24 个结构运行的周期已经到了，但并没有突破或破位，这个时候又没有反向的小周期结构，正确的做法是保持原有姿势不变。

2017 年 04 月 16 日

神奇预判

今天的内容相对来讲是比较重要的。

我多次描述今年是井喷之年，但到目前为止行情虽然在走上升周期，可是明显不是井喷，主要原因是这第一波的上升是起涨阶段，井喷或主升一般出现在中后期，并不在起涨阶段。如果你仔细观察过去仅有的三次大行情你会发现这一点：2006—2007 年、2009 年、2014—2015 年的行情无一例外都是初期慢后期快，**而我判断这里是大周期上升，基本上全年都处于上升周期，应该到 11 月 17 日左右(暂定)**。

初期比较慢，走得比较犹豫也是正常的，目的就是让你不断怀疑。这个阶段市场主打的牌是分化，上证都快创新高了，创业板指数却持续走弱。大家想一下，假如创业板指数拖累了指数拉升的后腿，那么创业板指数止跌见底的时候是最有可能成为新的上升起点的时候，甚至是主升起点的时候(井喷还是在这波行情的中后期，还不是这儿)。

创业板指数是 3 月 7 日形成的日线级别的高点，到现在已经持续下跌 26 个交易日了，这 26 天我几乎每天都看创业板指数，包括各个分时周期，直到上周五中午的时候，我才发现了创业板指数经历了 26 天的调整之后(并非是下跌，速度不够)，请注意这里是“首次”形成多周期底部结构，从 15 分钟到 30 分钟、到 60 分钟、到 90 分钟、到 120 分钟，都钝化了。

目前只是钝化还没有形成结构，但距离形成结构是很近的了，如果底部结构形成，这里将成为最有可能结束创业板日线级别调整的最佳位置。那么反推，如果创业板拉了主板的主升后腿，创业板止跌也将成为做主升的最佳位置。

我们再把日 K 线图缩小，创业板现在的位置几乎是股灾以来的最低位置，这种位置和机遇是历史性的，一旦筑底成功，未来也许几年或十几年都见不到这个位置了。你需要把这个点的级别和重视程度提得更高。

1 月 16 日虽然低点更低，但那里是急跌，骤然形成的低点，也就是尖底形成的低点，我无法在当时判断那个低点，当然现在回看那个低点是有效的，事后诸葛没有意义。

作者点评

我在这篇文章里预判了全年处于上升周期到 2017 年 11 月 17 日左右，结果深成指全年最高点在 11 月 13 日，我们这些年都是以深成指为准的。

2017 年 05 月 14 日

坚持 3 浪主升

今天主要说说浪形分析。

今年我一直判断是主升行情，当然现在被很多人当成笑话了，并且说成为不负责任的言论。我有时候挺弄不懂，那些股灾前看 10000 点，丝毫不提示风险，现在这么跌，这么低的位置却不断提示大家股市有风险，到底是怎么想的。这不是关键，关键是反而被很多人觉得有道理。那就说句不负责任的话吧，你在今年过去的任何时间和任何位置满仓，你将来都是大赚。因为股灾之后，市场还没涨，这就是原因。

说我不负责任的言论，主要原因是因为目前行情跌了，如果行情涨了呢？就是负责任的吗？负不负责任不应该是行情涨跌，而是因为你推理的过程是否严谨，有足够的论据。没有任何推理的过程，就一个结论，那才应该是不负责任的。

股灾之前，行情没有启动前，市场持续低迷了 7 年，如果按时间算，就是计算熊长牛短的这个时间，持续了 11 年半了，给人的总体印象是，股市投资太不靠谱，包括现在很多人都不好意思跟别人说你是投资股市的，但其实 2001 年之前的 11 年半，投资股市是一种正常的投资属性和行为，你就没有不靠谱的感觉。

人类的记忆遵循遗忘规律，离最近才记忆力最强。反过来，美国股市牛长熊短快 10 年了，不断创新高，你就不会有美国股市投资不靠谱的感觉。周期是一把尺子，如果之前不是强了11年半，又弱了11年半到起点，我不判断股市的黄金十年。如果之前不是连续调整了五年，中间都没有像点样的有一定规模的反弹，我也不会说股灾是周线上升途中的调整，即便我说断崖式下跌的第一天，我也说股灾是上升途中的调整，意思很直接了吧，5178点的股灾会被刷新掉，股灾改变不了大周期向上的方向。

那么从浪形上来看，5178点之前的上升一年多为起点，一浪上升。股灾别管怎么样，都是二浪回调，二浪结束之后，就是三浪上升。所以股灾结束关键是要买的，我并没有夸大行情的规模，因为最有可能形成井喷或主升的行情，就是三浪了。如果三浪还没有起主升，其他浪形就更不能期待了。

去年是三浪1，我认为没有大行情，因为股灾的信心修复需要一定的时间，但大周期涨了10个月，三浪2回调至今，注意，我是这波跌下来才判断三浪2是从去年11月29日到现在的，因为一开始我认为1月16日的那波下跌，一步到位结束三浪2可能性很大，我无法判断三浪2是不是ABC的结构，当然这里行情更倾向ABC了，当时并不能看出来。

创业板都创了股灾以来的新低了，这也是事实，可是大家看创业板的起点，跟上证和深成都不一样，比上证和深成更早，行情规模更大，涨幅更高，调整级别更大也是正常的，但你不能用创业板来定义大盘。一直以来大盘上证是最被大家接受的，所以我谈论大盘都是以上证或深成为主。

对于浪形的判断也是基于上证和深成的，为了让大家有信心别被股灾或下跌影响到正常的判断，我反复提及三浪是最好的，最快的主升，时间推算，三浪2就算再慢，三浪3也是今年，所以我说2017年主升并非是随便乱说的，因为从大概率上看，三浪2怎么走大概率三浪3都是今年，但我并不知道具体的时间，是哪个月份哪一天。

我无非是想让大家多买点，并愿意为此承受所有的指责和埋怨。我只希望大家，**如果你相信，你需要一定的坚持，坚持不是一件容易的事**。

作者点评

文里有这样一句话：从浪形上来看，5178点之前的上升一年多为起点，为一浪上升；股灾别管怎么样，都是二浪回调；二浪结束之后，就是三浪上升。

一浪上升经历了一年多的时间，我写这篇文章的点评时候，市场已经跌穿了2638点，也就是说2015年到2018年都是二浪回调。

二浪回调之后，就是三浪主升，2019年开始市场将进入到主升周期，5178点会被刷新，6124点也会被刷新，曾经的历史最高点都会被踩在脚下。

股市会在这个大周期三浪主升里，创历史新高。

2017年05月30日

投资如逆水行舟，不进则退

端午假日期间消息面是偏利好的，主要就是股东减持的新规，明显的偏暖，但我并不理解为重大利好，属于一般性偏暖的消息。对市场的影响，预计在开盘后的30分钟内就会消化掉，就算有重大的利好，开盘后一个小时也基本被市场消化得差不多，中国股市到底是不是政策市，我之前有大篇幅论述，这里不再论述。

近期受电话采访，问了一些有意思的问题，就是房价会不会崩盘，目前房价在政策严控的情况下有所回落，应该卖房买股吗？股价也这么弱，股价会不会崩盘？还是应该卖股买房呢？这是一个非常好的问题，很接地气。

我先来回答第一个问题，房价会不会崩盘？房价一定会崩盘。无论日本、香港、美国，众多的历史表明，房价未来一定会崩盘，这是毋庸置疑的。关键不在这，关键在于什么时候崩盘。我们一直觉得房价高，一直都在“更高”。**索罗斯说的对，泡沫来的时候，不是一定要批判泡沫，而是应该拥抱泡沫**。大家想想，这个说法很有深度。我认为短期内一线房价不会崩盘，主要原因有两个，一是城市化进程较发达国家还有一大段距离，二是货币超发。

在过去的30年里，货币发行的速度非常快，现在有一定的同比或环比降低，但由于基数已经太大了，仍然是非常快的。这么多的货币会使得所有的资产定价都在上涨。也就是说，未来房价还会涨，股价也会涨，大宗商品也会涨，甚至日常的消费品也都会涨。（工资也会涨的，放心，甚至个税起征点也会涨，甚至刑法关于犯罪的涉案金额也会涨。）

我们做投资目前并不是增值了，投资收益从复合收益来看，很难超过货币的速度，那我们为什么还要做投资呢？尴尬一下，哎，只是为了保值而已。投资可以保值，不投资，比如老一辈就喜欢存银行，还存死期，是贬值的，速度很快。**投资如逆水行舟，不进则退**。

第二个问题的结论是，卖房炒股不对，卖股买房也不对，应该是买股买房。

第三个问题，股价会不会崩盘，股价这么弱。崩盘一般是指泡沫爆裂所产生的杀伤力，股灾之前我提出断崖式下跌，因为杠杆催生的泡沫一定会出问题，问题并不在于股价涨幅过高，而在于推高股价的不能承受高风险的杠杆资金的资金属性。股灾就是去杠杆的阶段，硬着陆，但已经着陆。目前股价在低位，资金去杠杆化已经到了中后期，企业的高杠杆有，但风险远没有媒体说的那么大。我觉得正是因为已经股灾一次，百废待兴，再次崩盘论，相当不靠谱。

所以我的建议是买股买房，而不是买房买股，这里面有一个顺序。买股优于买房的原因有两个，一是股价在低位，房价在高位，从低到高的难度要比从高到更高的难度要低一些，未来从回报率来看，房价对比股价不占优势。二是房子的流动性不好，防风险的角度，也要找一些流动性好的资产配置，至少要配置一部分，而不能全都是流动性不好的资产。但买股没有买房有强烈的社会认同感和丈母娘认同感，居者有其屋的拥有幸福感。

谈到了股价，我发现一个很有意思的现象，就是股灾前高位冲进去的人，现在却在谈风险要出来。我不知道你是不是这类人，你到底是怎么想的呢。化繁为简地说，现在投资股票最大的优势是股灾后没涨。道理再简单不过，你要相信会涨的。近期少看市场评论，大众的评论在历史上哪一次对了？哪一次不是都骂街的时候是最佳买点，而高谈阔论的时候是最佳卖点。做交易要有很强的、很强的、很强的独立思考能力，不能人云亦云。

作者点评

我认为未来投资会成为每一个家庭必须具备的意识，投资是有极强的专业属性的，需要有高手引领，但你要具备识别谁是高手的能力。

2017年05月31日

独立思考

昨天我写假日期间的大股东限售政策，因为是偏暖的政策，但并不认为是特大利好，并且说了基本上早盘的 30 分钟就会消化掉这个利好，然后市场该怎么走还怎么走。就算今天是高开高走的，也不要归纳为利好带动的，这个意义不大，这么做你只会陷入反复解释的境地，不能说涨了就是利好有作用，跌了就是利好没有作用。

大方向其实我已经说了很多，今天不再说了。你看涨做多，除非你买到最低点，刚好是最低点买入才能够心态上一直占优，如果你买早了或买晚了都要承受一些市场的波动，这个时候大方向的预期其实对我们是有帮助的。就像你做一个事情有了明确的目标，你知道在做什么，尽管做的过程里有很多挫折。你要有一定的抗干扰能力，大众的评论尽量不要看，股灾前评论多在看收益，股灾后低位反而看风险了，现在没有几个谈机会，好像谈机会就不入流。

关键是，为啥要一定入流？坚持做自己不是挺好的吗？

我做好我的分析判断，不代表我一定正确，我怎么判断怎么说，并且会给你得出这个结论的推理过程，你若信就信，不信就算了，这是个自由的市场，但你要做好你自己，保持独立思考，不人云亦云。

说说大盘，今天高开消化掉利好后，开始逐渐走弱，这几天的反弹过程中小盘股一直占优，前些天就是大盘股占优。今天盘口出现了明显的热点过度，小盘股高开后一路走低，远远的黄色线在白色线上面变成了尾盘的黄色线在白色线下面，大盘股和小盘股的节奏切换太快，所以我反复建议均衡配置。抛除分化不说，大盘今天基本没什么大变化，延续了节前的横盘，也没有很明显的变化。

节前我考虑到了分化和涨跌切换太快，建议降低交易频率，目前仍然保持这个观点。下跌的时候需要多多忍耐，没有什么是过不去的。

作者点评

首先是有主流的言论，然后才是有的入流，有的不入流，入流就是入主流。随波逐流的流也是主流，逆流而上的流也是主流。你的思想是不是主流其实没那么重要，重要的是你是否能在主流的言论中，保持独立、理性、客观、自由的思考能力。

2017 年 06 月 07 日

做多别太难

昨天说只有大阳线才能激发做多热情，今天出了这根阳线大家觉得怎么样？够大吗？其实离我期待的还要差 50%吧，今天只能算中阳线，当然盘中黄色线在白色线上方，这说明个股比大盘要更强一些。

这些都不重要，重要的是创业板指数的周线，今天是周三还没有到周五，结构暂时形成也要提防本周最后两天的市场走势。昨天有说小周期的结构要比大周期位置优势更好，大周期对比小周期确定性要更好，如果小周期引发了大周期结构形成，就是兼具了位置和确定性。这一次的 90 分钟底部结构其实不是只为了 90 分钟，我们期待一个大底，很大的底，尤其是对创业板来讲。

而于主板来讲，期待的则是 3 浪 2 调整结束，早一些进入 3 浪 3。我曾经认为年初的那一波到 1 月 16 日的下跌 3 浪 2 就直接结束了，然后起主板的周线 3 浪 3 主升，也就是被人笑话了很长时间的井喷行情的推断原因，这个原因我并不认为已经消失了，只不过我自己也认为更倾向于，市场 3 浪 2 走了一个 ABC 结构，而不是年初的那一波下跌一步到位。但请大家能理解，空间风险很低的情况下，3 浪 3 低点是可能出现在 1 月 16 日的，交易不是事后诸葛。就现在我之所以说更倾向于而不是确定，是因为只上证指数是创了 1 月 16 日新低的，但深成指和中小板指都没有创 1 月 16 日新低。3 浪 3 的起点还不能彻底肯定不是 1 月 16 日那里，主要原因是因为指数分化，指数走得很复杂。**尽管如此，股灾之后市场的空间风险降到了很低，做多的胜率远大于做空，大方向我有信心、有信念并且是坚定的**。

我只是希望，如果行情要走主升行情，主升就要有一个主升的样子，不要让市场上的参与者过于艰辛，所以这一次在这里我这么重视创业板周线和错综复杂的各分时周期，就是在已经跌了的情况下，希望找到创业板的大底，也希望主板的 3 浪 2 调整周期尽快结束，早一点进入上升周期。

我理想的股市，是一个能让绝大多数的人在绝大多数的时间里轻松赚钱的股市。这有三个条件：第一是绝大多数人，如果只是让大股东、投资方、重组方等少数人抽股民的血，这就是畸形的股市；绝大多数人都因为股市而获益，因为公司随着经济的增长而分享增长。第二是绝大多数时间，我们也有过绝大多数人都赚钱的时候但特别短，不到5%的时间绝大多数都赚钱，如果反过来95%的时间大家都赚钱(别说没有，美国股市就是这样啊)，市场的信心就会特别的强。美国也有下跌，但不用骂街，因为市场甚至有人盼着跌，好买的低一点，**信心强的市场逢跌无药自愈**。第三是轻松赚钱，在股市里的投资获得收益别那么难，就像现在，也许大家有很多人跟我一样看好股市、看好未来，可是市场非要折磨你，**有些人挺不到行情的到来，因为过程让他们太辛苦、太难**。**股市走个牛市于投资者，干嘛非要苦其心志、劳其筋骨、饿其体肤**，咱不能吃着火锅唱着歌，轻松愉快的一起玩耍吗？

作者点评

天将降大任于斯人也，必先苦其心志、劳其筋骨、饿其体肤，空乏其身、行拂乱其所为。

这是句老话，这句话说得有道理，但为什么美股投资者不用苦其心志、劳其筋骨、饿其体肤呢？为啥他们常年走牛，赚钱对于大多数投资者在美国的行情下就不是个事，而我们即便是有一点行情，也是很快结束，即便在底部也会很折磨人。大多数人的承受力是有限的，大家也不是希望能降什么大任，就是希望能有个投资工具，抵御住通货膨胀而已。

2017 年 06 月 11 日

大处着眼、小处着手

上周五最重要的一件事是，两个指数的周线底部结构形成，这是周线级别呀，几年才遇到一次的那种级别。我也是十分期待上周能形成周线底部结构，因为这里的低点是带多周期钝化的，小周期出现结构是周初，大周期出现结构是周末，这根阳线又是较大的周阳线，所以这一波秉承的小周期操作，然后坐等大周期结构形成的整体思路是对的。

如果等大周期结构形成了再操作，空间上就差很多了。

还有一层意思，我上个周一操作策略里也讲了，尽量别让大多数投资者交易得特别难，创业板的周线结构级别比较大，上周就算不成结构也没事，可深成指的周线级别是比较小的，也就是说这里不形成结构，创业板的周线结构还在，可深成指就没了。所以目前的走势，是最佳走势了，周线的九转序列引发转折，小周期底部结构找到买点，然后小周期引发中周期（日线）和大周期（周线）的结构形成。

今天要说的核心却不是这些。

今天要说的是，**交易的参照标的要尽量简单唯一**，我们这一次重点分析了创业板指数，但并不是将交易的参照标的放在了创业板指数上，分化是最近的行情特征之一，上证指数和创业板指数其实都不能代表市场的整体情况，也许没有一个指数能代表，但我们要找一个更客观的和更科学的，你也可以想成是更综合的和更平衡的。

就指数的计算方式来讲，有的指数包含了新股因素，有的指数按全部市值计算，有的指数按样本股市值计算。国际市场上通常都是用样本股市值计算方式，比方说道琼斯是 30 种工业指数，标准普尔是 500 只，日经是 225 只，金融时报是 100 只。**样本股的指数计算方式是更合理的，**因为你把新股增加的市值放到指数里并不能真实反映指数的涨跌，就算未来如果 IPO 的和退市的一样多，全部市值的算法也不会更优于样本股算法。

所以今天的核心是，我们选作标准的指数，一定要更客观、更平衡，之前没有采取上证指数也没有采取创业板指数，而是采用深成指就是这个道理。深成指并不像上证偏大盘股，也并不像创业板偏小盘股，比较综合。这一次因为创业板指数周线的底部结构，可能会筑一个很大的底，考虑到领跌的品种如果止跌筑底对整个市场的正向影响，所以我才多说了创业板指数一些，但很多人将操作的标准改成创业板指数是不对的。

好在这一波 90 分钟结构深成指也有，周线结构深成指也有。我要重申一遍，操作的标准仍是深成指，因为接下来可能会面临趋势的突破，标准要简单唯一才更清晰，更具有可操作性。

作者点评

我在这篇文章里写了成分股的指数计算方式是更合理的，黄某某先生曾经主张过用成分股的指数替换掉全市值的上证指数，我觉得很有意义。

2017 年 06 月 19 日

如何解决分化

这一波的低点是带 90 分钟底部结构的，去年 2016 年我用 90 分钟底部结构找了三次底，三次都是 2016 年的大底，而且就只有三次。今年 90 分钟一共两次，一次是 1 月 18 日，一次是 6 月 2 日。最近的这个低点就是 6 月 2 日的带结构的低点，用定量结构找低点并不难，我们在学员区讲的方法在盘中各分钟线想找大盘的高低点还是相对很轻松的，难点在于两点：①高低点的级别；②分化。

级别更重要，但我们先说分化，分化在今年特别突出，也特别难。一种是指数的分化，各个指数走势不一样，比方说上证、深成、创业板指数日线的走势相差就很大。还有一种是个股的分化，大小盘股的分化，盘中各个指数可能都在涨，但个股涨的家数少而跌的家数多。

为了解决分化的问题，化繁为简是一种本事。指数的分化，是因为你有的选择，我用“唯一”来解决指数分化，如果只有一个指数你就没的选择，关键是哪个指数最客观和真实。上证指数偏大盘股，类似于“漂亮 50”，为啥叫漂亮 50 呢，因为指数不断创新高，走得太漂亮了。在众多指数当中选，并且只选一个要更客观和真实，我选了深成指，在众多指数当中，它相对更真实。如果你只看一个指数，这就简单地解决了指数的分化。个股的分化呢？我建议是均衡配置，大盘和小盘你都配置一些，只要情绪还在，追涨杀跌就会是主流，大众期待做好大小盘分化节奏的并不现实，反而会做得更糟，断去一切妄念，我才用“均衡”来应对个股分化。

这两个解决了之后就是级别问题了，别觉得分化很难，更难的是级别判定。比方说，指数连续下跌的现在，如果我们只做90分钟的低点，没必要太重仓，没必要兴师动众。级别的判定最主要的方法也是两个字“重叠”，多周期重叠在一起来判定级别，如果背后的大周期也有结构，那么上涨就不是短期行为，比方说这里，周线也有结构，周线的结构通常是约一个半年左右的上涨哦。90分钟结构只作用9天，那么目前的情况就是大周期上升，小周期也上升，第一波的上涨是相对确定性比较强的。理论上第一波涨完进入到调整，但不创新低，因为背后的大周期是上升周期，然后进入到第二波上涨。我们就是要找一些小周期的高点，来理解多周期重叠之后的指数状态。

第一波我建议做超跌股，超跌股用“星空雷达”一扫描，2分钟就能决策买什么。选股一点都不难，难的是超跌股能做多久，这就是判定行情级别的重要性了，做的期间是死守还是换一换，怎么换。超跌股因为流动性不足，所以尽量要分仓，也就是多买几只股票。只要一分仓，通过时间的筛子，就会有强弱之分。超跌股整体是普涨的，也就是说先涨后涨多数都涨，这跟超跌反弹的属性相关，其他的就不一定普涨。也正因为此，我比较建议超跌股要懂得换股，异常表现优异的超跌股就是先涨的，不怎么表现的就是后涨的。如果你将先涨的及时换到后涨的，你可以叠加利润，一笔资金做两次超跌。但你不能没有换股“择时”的标准，我这次选了一个 30 分钟的顶部结构就是换股的择时标准。

今天的内容总结起来八个字：“唯一”解决指数分化，“均衡”解决个股分化，“重叠”解决级别判定，“雷达”解决选股。相对专业一些，但第一波整个学员区做得比较好，远远跑赢指数。

作者点评

这篇文章里讲的有点像方法论了。

指数分化的时候，要选择一个指数做标准，否则分化的不同指数结论可能不同，甚至是相反的。这种情况，要么无所适从，要么反复解释，化繁为简是解决指数分化的好方法。

个股分化，最好的效果自然是小盘股涨的时候你刚好持有的是小盘股，大盘股涨的时候你刚好持有的是大盘股。我知道这是最好的效果，但如果加上人性的恐惧和贪婪，加上你看到强弱时有明显的滞后性，我确定大多数投资者，是做不好节奏的。

大家要思考一下为什么会做不好节奏，甚至是做反了节奏？其根本原因就是当你看到事已经发生的，这种明显的滞后性再加上人性的恐惧和贪婪，大多数人在理论上就踏不好分化的节奏。

那么均衡配置从方法论的角度，是适合大多数人对付个股分化的。

2017年06月19日

再次突破长期趋势

今天最重要的事就是时隔50个交易日，深成指长期趋势再次被向上突破了。

我们可以问一下身边长时间在股市里交易的投资朋友，也包括我们做的自动化交易，**市值大幅增加都是出现在系统性的大机会或者说是历史性的大行情**。最近的15年里，一共就出现过三次：2006和2007年的大行情、2009年、2014年下半年和2015年上半年股灾前的行情，其他的时间里，没有历史性的机遇，你能跑赢大盘或有一定的正收益，并不能解决财富大幅增长的问题，只有历史性的机遇，或者说历史性的大行情才能解决这一个问题。

我认为股灾后，就今年最值得期待。因为其一，我认为熊市已经终结，早就终结了，2014年的行情是个超级大行情的开始，不因为股灾而改变方向。我判断了股灾不是目的，断崖式下跌分为两个部分：第一部分是逃股灾的顶，第二部分是抄股灾的底。如果逃的部分你逃不掉，跌下来你也就买不进来，因为你套着呢。第一部分做好了，你逃掉了，但在第二部分你却因为下跌而不敢买回来，逃等于是白逃。所以股灾要敢逃，低位你还要敢买，你想想对吗？我并不是只想做好逃股灾，只有抄到了这次股灾的底，才算完成了整个的“一出一进”，我算对得起所有信任我的人。

但为什么前两天趋势破位我照样卖出呢？因为只要价格在趋势的下面，我根本就不担心买不回来，也正因为此，才能从容抄底。这次 90 分钟底部结构抄底再次抄到目前来看的最低点（去年 3 次抄底都是 90 分钟底部结构），你可以因为当时市况太糟糕不重视、不参与，那没关系，可是今天趋势已经突破，如我近期所讲，空间、时间、结构、九转序列全部要为趋势让路。因为趋势最重要，趋势也反应最慢，如果趋势过去了，你还在看空，你就可能于未来的历史性的机遇擦肩而过，这个风险你愿意承担吗。

我为什么这么尊重趋势？因为唯有趋势，才能不漏掉任何一次系统性的历史性的大机会。趋势你做好、做对一次，你将解决全部问题。我只期待大家能不管什么样的行情，都能坚持遵守趋

原配图（2017061901）

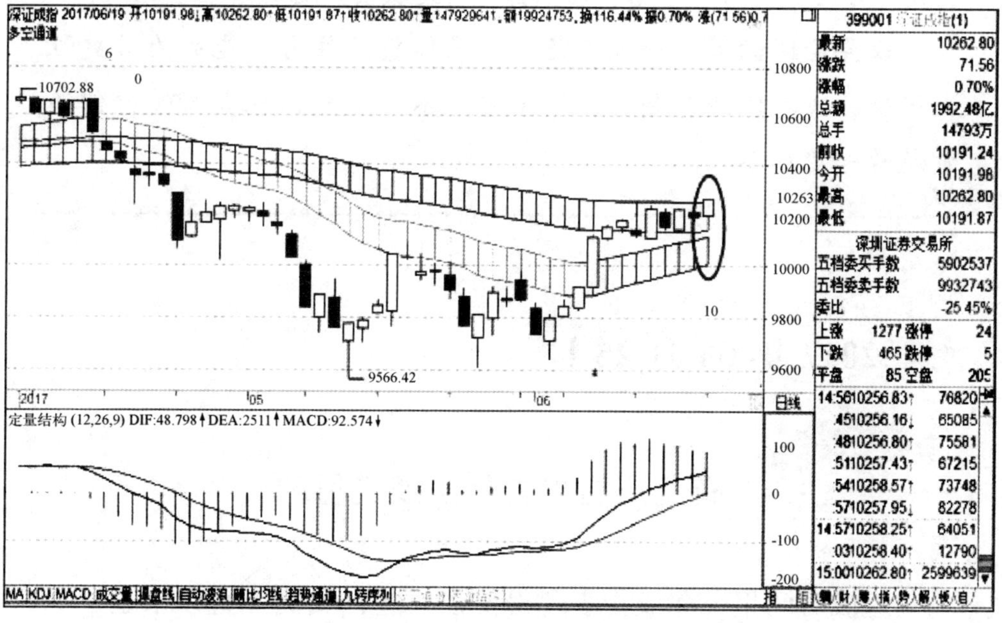

势，你做了一次趋势性的大行情，你会对趋势有完全不同的理解和认识。那一刻会完美的诠释，你曾经为此而经历的所有的痛苦是值得的。

今天，趋势已过，如图。

作者点评

我在前面也论述过关于股市的二八现象，80%的利润是在20%的趋势里形成的，财富大幅增值是发生在2006、2007、2009、2014年下半年、2015年上半年这样的行情里。趋势性的行情是系统性机会，也可以称作历史性的机会，有些行情也可称作历史性行情，就是它要大到能被历史记得。

如果你很专业也很努力，你能比绝大多数人做得好，但并不代表你的投资会大幅增长，因为市场的关系。那些能被历史记住的大行情，才具有财富大幅增长的机会，这是我要论述的第一个观点。

我要论述的第二个观点是，如果你想抓住有可能成为历史性大行情，决不能违背趋势。尊重趋势不一定能抓住大行情，但违背趋势一定抓不住。

2017年06月25日

有些交易损耗是必须支付的

这段时间里，深成指表现得要强一些，我们一直以来也以深成指作为主要的操作依据。因为就指数而言，上证指数的计算方式是加权后计算总市值，因大盘股占的市值更大，久而久之就变成了倾向于大盘股了；创业板多是小盘股，创业板指数时间长了也就被大家当成是小盘股指数。这里面只有深成指是相对客观而平衡的，深成指编制指数的方式更合理。有些指数除了大盘股因素外，指数的计算方式还会受新股影响，选取成分股作为指数也是国际通用的标准，这也是我们选取深成指作为操作标的的主要原因。

深成指这段时间表现得特别强，就涨幅而言从 6 月 2 日上升以来，深成指涨幅在三大指数里是最强的，上证指数涨幅为 1.78%，创业板指数涨幅 4.5%，而深成指涨幅最大为 6.5%，但你看周线深成指要弱于上证，强于创业板；如果你看月线，创业板才是最强的。最近深成指强，是因为某些成分股的表现过于抢眼，比如上周五深成指数都收出中阳线了，上证和创业板周五表现就很一般。涨跌家数也是，指数中阳下跌家数却多于上涨家数，万科起到的作用很大。我今天说这么多，无非就是想引入一个思考：如果大盘决定仓位，应该是多指数参照还是单指数参照？深成指的选择到底对不对？

指数就是反应大多数上市公司的表现情况，前面也说了上证指数偏大盘股，当然更偏大的是上证 50，也叫漂亮 50，然后沪深 300，再然后才是上证。创业板又太小，创业板走弱并不代表整体市场那么弱。更贴近真实的市场行为才是最佳指数，在众多指数里最能反映市场大多数行为的，深成指的确是最佳的。**确定是为了不纠结，这些年我一直觉得化繁为简是大本事**。我们既然选了深成指，不管强弱不论好坏，就是它了，一切以它为准。

那么深成指最近发生了什么？

先是6月2日90分钟形成底部结构，周线形成底部结构，对应的操作是8成仓抄底。然后6月19日突破长期趋势加仓到满仓，请注意这里我是知道有60分钟顶部钝化的，但趋势突破时应该加仓，结构形成再减，这样才是正确的操作，因你在趋势突破的时候不知道结构是否会形成或什么时间形成，然后在趋势线附近形成了60分钟的顶部结构再减仓，也并不是所有位置的结构形成都得减仓。如果结构形成到趋势线的距离比较远，就不用减仓，因为结构的作用主要是辅助突破或破位用的，结构消失再加回来，这是一样的道理，结构如果没了只能按照趋势，而按照趋势就应该重仓；如果再次形成60分钟结构，再减仓。虽然周五下午比较强但结构并没有消失，趋势也没有破位。

这段时间结构反复也是正常的，总体还算温柔的，结构的形成、消失，空间上的损耗不算大，有时候没有结构但趋势来回上穿下穿，空间上的损耗就要比结构大多了。不必过分紧张，也不必过于在意。交易纪律是做好交易的前提，行情在这儿面临很关键的选择，**所以不论行情怎么走，你只要舍得交易损耗，就不会犯大的错误**。

你不舍得交易损耗会怎么样呢？答案就是赌方向。你说不想折腾了，要么卖出不买，要么买入不卖，这就是赌下跌或上涨。赌错了，你会损耗更大；赌对了呢？很抱歉地告诉你，你因为尝到了甜头，下次还会继续赌，直到错。所以你要想明白这层道理，交易不是赌方向，尊重市场才会愿意付出交易损耗。这块有点难懂，大家想一想。

你决定了付出交易损耗，然后你就有了强有力的保障，大跌

套不住你，大涨甩不掉你。更何况，如果这波做的是超跌股，个股并不像指数那样上窜下跳，个股的损耗要远小于指数。可是即便如此，我都会按照指数来决定仓位，这也是我开篇长论讨论为什么定深成指的原因，无论我们第一波做不做超跌股，或下一波做什么，指数比个股是更有利或更不利，既然选了指数决定仓位，就严格执行，没有二话。

我常在课堂交流中听有学员说，老师，你的交易规则是不是太死板了，应该活分一点？我一直这样回答：**活分的规则就是没有规则**，我就是帮你建立交易标准的，试问这个市场里有多少投资者完全没有规则地进行交易？时间长了，你会对我的这套体系有不同的理解和认识吧。

作者点评

如果你尊重趋势，在震荡行情里就会支付交易损耗。比如说突破趋势有可能形成趋势性的上升行情，你应该买入；破位趋势，则有可能形成趋势性的下跌行情，你应该卖出。而在震荡行情里，一会向上突破趋势，一会又向下破位趋势，趋势在这段时间里会反复挨打。

尽管严格尊重趋势反复挨打，但每次挨打的规模都不会很大，自然会形成一定的交易损失，我管它称之为尊重趋势必然形成的交易损耗，也叫交易成本。趋势的交易损耗你支付了，趋势最终不会判断错，不论是上涨趋势还是下跌趋势。这个道理其实并不难理解，但如果加上人性就难以理解了。

人性的复杂性会自然地形成在多次支付交易损耗下产生怀

疑，我常对学员说，怀疑是业余投资者到专业投资者晋级的过程里最重要的一关。愿意支付交易损耗和交易成本的，趋势是不会错的，不愿意支付交易损耗的，就是在逆趋势赌行情。然后会进入下一个逻辑推理：赌错了，交易成本会更大；如果赌对了，侥幸心理会占上风，下次还会继续赌，直到你赌错了，把前面未支付的交易成本，一股脑的全部支付回去。

我有考虑人性的部分，操作的核心并非只是趋势，而是趋势为王、结构修边。结构能很大程度帮助到人性的部分，但结构只是辅助和服务于趋势，趋势是不能违背的，这一点我执行得非常严格，甚至会被学员称之为“死板”。说“死板”的基本都是被趋势反复挨打，打得怀疑人生了，不愿意再支付交易损耗，甚至希望我也不再遵守趋势，希望我能活分一点。但你要记住这句话：规则就是死板的，活分的规则等于没有规则。

2017年06月27日

波浪理论的好处

今天做一下浪形分析，对于浪形分析，我要先说几点。

1. 波浪理论有严格的浪形划分基本要求，我只从最基本的要求说起，因为波浪理论创始人早已经不在人世，所以波浪理论已经没有除了基本要求以外具体浪形划分的所谓标准答案，具体浪形分析就是见仁见智了(千人千浪)。

2. 我自始至终都没有将浪形作为交易的核心思想，核心思想是趋势为王、结构修边，但浪形分析最大的一个好处是用来描述你想要表达的思想，在能让大家简单、直接了解你要表达的内容，这个角度上，浪形是最理想的方法。你说 1 浪大家就知道是刚开始，说 3 浪就是鼎盛时期，说 5 浪就是快结束了。

大周期上升应用的是对称性，一个长时间的上升，不会对应一个短时间的下跌。比方说上证指数和深成指，上涨起点是 2014 年，涨了一年多所以对应的调整只有 7 个月左右，这也是我说不创新低的原因之一。创业板这波创了新低，也是可以理解的，因为上涨起点是 2012 年，涨了 3 年，调整的时间比上证和深成更长，但只要不创新低，波浪理论对于浪形的定义就是 2 浪回调，级别是周线，三大指数都是一样周线 2 浪回调。

再从对称性的角度，深成指从 2009 年到 2014 年跌了 5 年，不会 1 年就涨完了，所以我坚持股灾只是上升途中的调整，股灾之后市场会再次上涨，并且会创新高。在浪形上，周线 3 浪 3，也是判断今年主升的主要原因，因为如果 3 浪 3 都不是主升，浪形上就找不到更适合主升的浪形了。当然现在没有起主升，不过我认为，3 浪 3 起点在今年的概率还是很大，今年没有走完，且耐心往后看。

上面说在周线上，日线上呢？几个指数之间是有分化的，上证指数和深成指的区别在于，这波的调整深成指没创出新低，上证是创新低了的，所以周线 3 浪 2 回调是上证呈现日线的 ABC 结构，但深成指这波没创新低，就不符合波浪理论定义的 ABC 结构，如果这里的上升创新高，深成指的周线 3 浪 3 起点是在 1 月份而不是在6月份，日线这里应该是3浪，1月份的低点是1浪起点。

这样来说日线上证则是1浪上升，深成指3浪上升，1浪本来就比3浪要慢，深成指这波的涨速要比1月份快很多，速度等于空间除以时间，从这个角度，深成指日线走3浪上升也是大概率。

这些都不是关键，我期待的是周线3浪主升的到来，过5178点才叫周线3浪，理论上只要调整低点在2638点之上，后面就是周线3浪，目前有很大的概率处于周线3浪的初期。

后配图(2017062701)

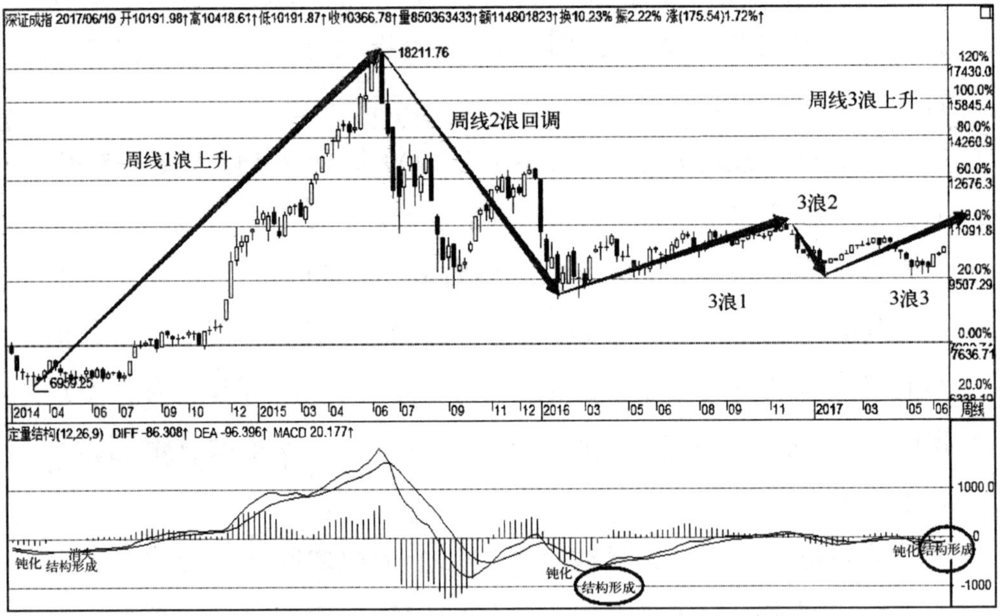

作者点评

波浪理论最大的好处是大家能够快速简单的理解，用波浪理论描述大盘所处的位置和要表达的意思。

1. 当时我判断周线的 3 浪上升，因为我认为不会低于周线的 1 浪起点，所以只要不低于 1 浪起点，在波浪理论上 3 浪上升起点的概率是比较大的。

2. 周线的 3 浪上升里，又细分为 3 浪 1、3 浪 2、3 浪 3，这种细分是对周线 3 浪的细分。

2017 年 06 月 29 日

股市乱象

昨天说不用为指数过于担心，强势会维持到中午，今天中午也是这么说的，中午之后大盘也是小幅震荡，大盘能说的不多，趋势完好，分时线大周期没有结构，能说的不多。保持现有的交易逻辑和方式即可，今天说说别的。

人类文明流传至今，唯有三样经久不衰，艺术、科学和宗教，分别代表了现象、数学和哲学，我常在学员区里说起这句话。我经常在学员区里大篇幅的码字，跟大家聊天，天南海北的有时候什么都聊，想到哪就聊到哪，因为我认为交易并不是只在行情走势里，很多道理是相通的。在和学员的交流过程中，我也在思考很多问题。

股市里乱象很多，这里的象就是现象。一种是上有阻力下有支撑的两头赌，高了卖低了买的波段交易，你**听过那么多道理却依然过不好这一生**。一种是金叉买死叉卖，放量卖缩量买，线上买线下卖，效果怎么样我不知道，但我知道 20 年前在说的这些，现在还在说。这就是现象领域，故事太多了。**绝大多数投资者还在现象领域，这个领域待的时间长了，你会陷入一个尴尬的境地，就是反复解释**。

科学从另一种角度来讲只研究两件事：数和次序。它们两个最大的特点就是可以将"现象归类"，任何一种交易或任何一种交易的思想，都可以用数字来表达，也都可以用数字进行历史回测，归类的目的在于找到正确的历史，并推演未来。基于这个角度，我十年前就建立起自己的交易体系，即数字化定量分析，不论判断趋势，确定高低位置，进行选股，都是量化的，**有时候量化或数字化你只有想不到没有做不到**。

我承认，我尽管十年如一日研究量化和数字，依旧只是这个领域的初中级阶段，但我认为足够用了，因为我没想过要跟西蒙斯这类数学家出身的交易选手较量一番。只要这市场上绝大多数的人，还依旧停留在现象领域，我就有也很大胜算。**因为我也一样可以量化自己、对手和裁判**。

我将操作的每一个步骤、每一个细节都量化了，并且将此数字化定量分析方法传授给我的学员，我希望能够启迪更多的人，早日跳出现象领域、模糊领域、直觉交易领域到更科学的交易方法当中来。

交易，可以是一种科学的投资方式。

作者点评

听过那么多道理，却依然过不好这一生。这句话是韩寒电影作品里的台词，听起来有点伤感，他是这样评价的：喜感可以触到一部分人的心灵，而伤感则能触到所有人。

股市里的道理很多，但为什么听过那么多道理，却依然做不好这交易？是因为很多人还停留在现象领域。而现象领域又没有特别出色和成熟的方法，很多都是知其然但不知其所以然的人云亦云。

数学的初级阶段是量化，一切皆可量化，甚至可以量化自己、对手和裁判，初级阶段也许不够好，但如果你的对手大多数还停留在现象领域，你就有很大的胜算。

2017 年 07 月 09 日

从上上周一开始，最近的 10 个交易日有 9 个交易日代表小盘股的黄色线在代表大盘股的白色线上方，其实这种倾斜小盘股的时间周期加长也是对称前一段时间大盘股的连续强势。**什么样的原因导致什么样的结果，江恩语——种瓜得瓜、种豆得豆**。

这段时间表现最优秀的就是超跌股，什么样的原因导致了什么样的结果，前面的超跌形成了这里的反弹，这两周超跌股表现的优秀而稳定，但这个原因并不会管用特别长的时间，如果超跌股能够持续涨，后面的阶段并不是因为超跌，就像我形容趋势为王、结构修边一样，结构是为了辅助和修正趋势的，结构只管用一段时间，通常是结构形成的对应周期的 24 个周期，过了 24 个周期，并不代表结构不涨了，趋势可能会接过结构的接力棒，也就是后面其实是趋势在起作用，而不是结构的作用期延长了。

超跌反弹也是一样，这一波超跌最核心的其实不只是选择要重点做超跌股，因为每一个阶段性下跌你做超跌股貌似都是优秀的，甚至优秀的稳定，稳定得可怕。我并不知道大家是怎么看待这一现象的，我认为这是"自然而涨"，就是说超跌股在阶段性下跌后，并不是主力拉抬、热点聚集、消息配合、政策扶持等原因，而是超跌产生的自身反弹力，我形容是**乒乓球落地原理，你在一米的地方和在一尺的地方落地，反弹的高度不一样。超跌就是原因，上涨是结果，自然而涨**。也正是因为"自然而涨"这四个字，超跌股不需要主力的配合，不需要成交量的配合，不需要政策或消息。表现的也最稳定，不会出现局部纠偏，而是整体超跌股都好。

但这些并不是核心，是对超跌股深层次的理解，核心是超跌股到底做多久，你是否在这波的第一天就进行过这个判断和分析，如果超跌股从 6 月 2 日开始一直涨到了上周，这么长时间你如果只做到了几天，你不能算做超跌做得好。所以我在一开始是特别强调，超跌股要做下跌周期的一半的，即 24 个交易日（跟上面的 24 只是巧合，下跌周期是 49 天），上周刚刚到达。虽然这个周期是一个粗犷的大约值，到了这个区域附近**你要明白确定性的上涨阶段已经结束**。**请一定要注意，确定性的上涨阶段已经结束，并不代表并不会继续上涨**。也就是说达到下跌周期的一半之后，自然而涨的力量会逐渐衰竭，你心里要知道一个大的框架性的反弹完成了，这个时候市场消失了一个大级别的对称性的保障，因为其使命已经完成。

后配图(2017070901)

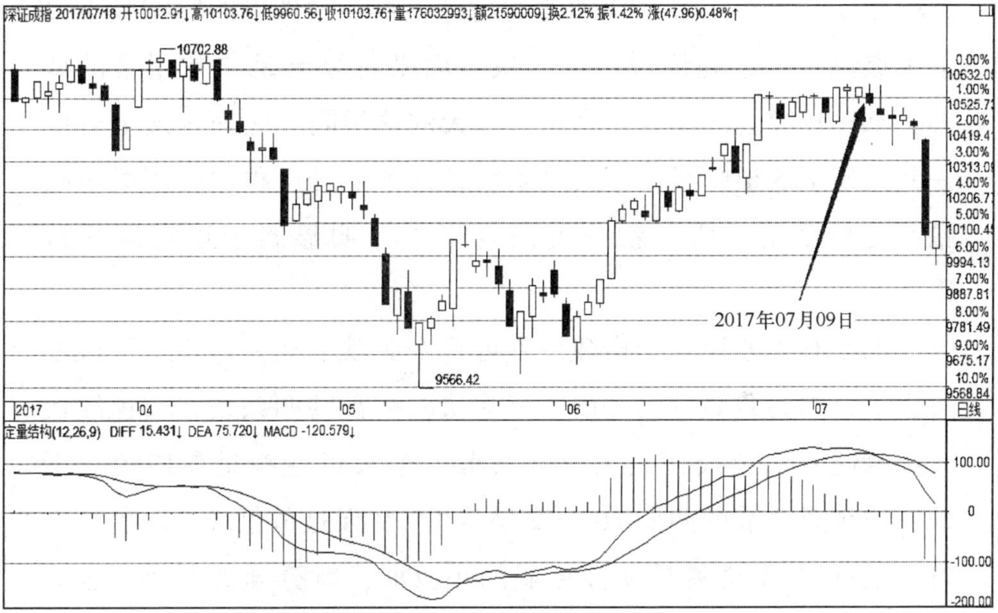

作者点评

超跌反弹是“自然而涨”，超跌股的上涨跟超跌有因果关系，确定性的上涨结束，并非一定是全部上涨结束，如果后面继续涨，跟超跌没有关系。意思是超跌股已经完成使命，后面将不再以超跌股为操作主线。

2017 年 07 月 10 日

浅谈 IPO 加速

今天市场出现了小幅下跌，创业板指数跌幅较大，主要是次新股领跌，受到周末 IPO 加速的消息影响。这件事的影响我下面会重点说一下，先说说盘面，从盘面来看今天是非常正常的调整，拿比较综合的深成指来讲，今天的这根阴线之前这波上升里一共出现了 6 根阴线，今天的阴线在这个上升过程中的阴线里跌幅都是倒数的，所以就幅度而言指数是明显属于正常调整范围的。

那么有人要说了，指数没跌可是个股跌了啊，这你就更说不过去了，因为我最近已经说了好多次，大盘的两条线，黄色线代表小盘股，白色线代表大盘权重股，今天黄色线是在白色线下面，但今天之前的两周 10 个交易日里，9 天是黄色线在白色线上方。最近 10 个交易日 9 强 1 弱的小盘股，就算今天弱势，也只是 9 强 2 弱啊，不正常吗？

所以对于大盘不要过分解读，这是一天正常的调整，仅此而已。

今天要说的重点是 IPO 加速，其实也不是加速，一直速度都比较快，弱势的时候每周四五个，强势的时候每周 10 个左右，这大家都是知道的，有目共睹的。而且在这期间，很多市场知名人士是抗议非常强烈的，整个市场各方群体也大多都是批评 IPO

速度如此之快而不考虑市场感受。但我们看到了一个事实，就是IPO 这件事上，管理层非常坚决。这是一种变化，**我们先不要去讨论应不应该，因为面对变化的时候，应该先考虑变化会带来什么，会改变什么，我们如何应对，**我说的你同意吧。

大家还记得注册制吗？美国就是注册制，前一阵子 A 股注册制的呼声很高，但实际上注册制并没有推行，原因也很简单就是太粗犷了，你不能完全不考虑市场感受。增加或加快 IPO 其实也是看市场反应，但这会比注册制温柔多了。

不论你喜不喜欢，IPO 还是非常坚决，市场的舆论声音不所谓不高，但管理层这一次异常的坚决，你们发现了吗？我记得2005 年股改的时候批评的声音也很大，当时尚福林主席说开弓没有回头箭，就是显示了一种坚决。这次的 IPO 这么坚决，我们要研究一下 IPO 加速后对于市场的影响和变化。

变化：IPO 提速，壳资源就会下降，你只要符合上市标准就去排队上市好了，能自己上的为啥花钱借壳上呢？借壳上不就是因为自己上时间成本太高嘛，这才会有些公司想加塞不排队，IPO 越慢壳资源价值越高，这是市场供需关系决定的，所以 IPO 提速，壳价值就会降低。

壳价值降低了，重组的价值就降低了，借壳需要重组，有一段时间重组的难度很大，因为市场认重组，各类机构也钟情于资本运作而不是本身的主业。上了市之后，不是拼谁的主业做得好，而是拼谁的故事讲得好，大家也都感受到了吧。这个事一直没有有效的改善，只是降低重组的通过率而无法彻底的改善。壳价值降低了，重组的市场预期就会降低，炒重组的就会因为空间降低而变少。重组价值越低，越会刺激上市公司回归主业。A 股过去的一大顽疾就是都在讲故事。因为别人都在讲故事，所以大家不得不去讲故事，鼓励坏孩子就会伤害好孩子。

一旦回归主业，大家拼业绩而不是拼题材、拼概念，就会产生新的市场游戏规则，就是好的股票持续好，像苹果、亚马逊、可口可乐、微软、阿里巴巴、腾讯；不好的股票持续不好，美国的仙股、香港的仙股几毛钱一股。你不要觉得这些公司怎么这么不正常，好的那么好，坏的那么坏。你有没有想过，也许不正常的不是美股和港股，也许是我们 A 股才是不正常的。

万事万物在本身不断的变化中，A 股也是在变化中，面对变化，要想想变化会改变的未来，才能拥抱变化。

作者点评

我是支持 IPO 常态化的，新股发行是股市的基本功能，就是因为这个功能经常被人为的限制不能常态化，所以很多公司才会等不及 IPO，选择借壳上市或被资产重组。这样的环境下，壳资源就会有炒作的空间和价值，在相当长的时间里，市场炒重组、炒故事、炒新、炒小、炒概念，就是不炒业绩。

所以 IPO 不能常态化的负面其实很大，最大的就是资本市场的核心价值观出了问题。回归主业，踏踏实实回报股东，这才是资本市场正确的价值观。鼓励坏孩子就会伤害好孩子，制度本身就是要防止好孩子变坏，甚至是逼着好孩子变坏的。

除了 IPO 常态化，还要配套退市制度，形成市场体系的优胜劣汰，这样才能“重塑”资本市场的核心价值观。

2017 年 07 月 23 日

质押股份要小心

上上周新股从四五只到了九只，因为之前市场跌了很长时间，新股虽然照发但也许是受舆论影响开始放缓。之后市场出现了日线级别的反弹，就是我们做超跌股 24 个交易日的那波反弹，反弹结束于 7 月 10 日的那个周一，为什么之前反弹得好好的，突然没有任何迹象就出现了下跌，根本原因是因为行情下跌而放缓的 IPO 又因为行情上涨而加速，跌了 7 月中旬的一周之后，市场猜测会不会因为下跌又开始放缓，结果 IPO 没有降速的意思，周一开盘后又跌了一个 2017 年最大的单日阴线，结果本周 IPO 又接近十家，呵呵。

这其实是一种非常不好的现象，你发新股我就跌，想跌到你不发新股，很多政策都是用脚投票来抗议，关键是这会影响和带领很多无辜的人进行跟随，从而形成市场的恐慌。这是一种对各方都没有好处的双输行为，但为什么会在市场出现呢？原因是过去确实出现过政策因舆论而调节，比方说曾经的停发新股，比方说熔断等等。简单地讲，因为能影响到才想去影响。尚福林主席当年推进股权分置改革，抱怨声一大片，行情也跌，但尚主席说开弓没有回头见，体现出了股改的坚决，反而成就了 998 到 6124 的大行情。

这一次，市场和政策也比较两难，区别是政策比很多人想得更坚决，你批评你的，我发我的 IPO。不能说 IPO 对市场的利空影响不大，但政策的坚决是我希望看到的。大家想一个问题，因为行情不好而暂停的 IPO 会因为行情好而恢复，而暂停 IPO 就会形成堰塞湖，为了解决堰塞湖就要加速 IPO，然后又因为 IPO 加速而导致供求关系悬殊行情夭折。如此反复就是恶性循环，那将来什么时候才有正常一点的行情呢？行情会在暂停 IPO 和发 IPO 的区间来回震荡了。

前些天我跟大家说过一个事情，我们除了批评 IPO 不考虑市场承受力以外，是不是也应该思考一下 IPO 如果坚决对市场和对未来的影响，IPO 加速对市场游戏规则的改变。假设这次的 IPO 政策会一直坚决，①炒重组、炒故事、炒概念的原来股市恶疾都会不灵了，开始回归主业，业绩为王就是白马股走强的逻辑基础。**②质押股份的上市公司要小心了，闪崩是因为强平，股灾就是强平闹出来的，股灾因为系统性所以国家队出手，你自己作死并非系统性别指望有谁出手救你，早点降杠杆还有生机**。③IPO 过程中市场还有没有机会，小盘股会不会永远都没有机会？这个问题我再展开来谈。

首先是 IPO 这么下去，市场还有机会没有？我想问一句，全国能数得上的、够得着的公司，会不会以为 IPO 速度加快而突然变得多起来。新三板进行分层也是这个意思，够创新层这条线的公司就很少，够 IPO 标准的就更少了。堰塞湖是历史遗留问题，并非是 IPO 无穷无尽。越接近末期，越接近市场系统性机会，因为这头等大难题得以解决。

小盘股会不会永远都没有机会？我认为小盘股的机会依旧会有，只不过分化将成为常态（请注意我说的不是大小盘股的分化，我认为大、小盘股的分化还是会反复切换），我说的是小盘股内部的分化，就是小盘股回归主业之后，业绩好的会持续强，业绩不好的，别再想讲点故事就会好了。新三板今年退市几百家了，有些公司发现上新三板没有那么好，融不到钱各项费用还居高不下，上还不如不上。如果主板上市公司也出现圈不到钱还上不如不上，自然就出现主动退市的，**主动退市的公司出现，才代表我们的市场足够成熟了**。

今天啰嗦了这么多，就是希望大家能够保持足够的理性，别对 IPO 反应过大，也许我们应该有独立的、深入的思考，别只看表象盲目跟随。

作者点评

我写这篇文章是 2017 年 7 月下旬，一年以后 2018 年 6 月开始爆发大规模大股东股份质押的资金链问题，市场因大股东质押随时可能失去控股位置而担心，导致被质押的上市公司成为市场的主要下跌力量。我提醒这件事提前了一年，但很多上市公司大股东并没有重视风险防控。

结果只时隔一年，银行进行了去金融杠杆，P2P 互联网金融陆续暴雷，几乎所有原来认为没问题的资金途径都或多或少发生了钱荒。风险不是因为下跌，而是因为你觉得你行！

2017 年 07 月 30 日

均衡配置

上周走完之后，周线出现了两件事，首先是上证指数周线出现了九转序列的高 9，九转序列要看一下近期的高低 9 的效果，以判断波动率是否在这个周期上。周线上一次高 9 是有效果的，所以大盘股这里不建议追涨，由于日线顶部结构刚刚消失，也就是有高位但没有高点，持有的可以继续持有。

其次是创业板周线出现底部钝化，这个在上周初就说明了，周五收盘后如期形成了周线的底部钝化，这是创业板本轮下跌第三次周线底部钝化，理论上后面的结构要比前面的结构成功率更高，比方说第二次要比第一次结构成功率要高，第三次要比第二次成功率要高。当然实际交易过程中，你不能选择第二次或第三次，如果你只选择第三次结构，成功率是高了，但你会浪费很多的机会，这是得不偿失的。上周初的说明，就是为了一件事，不必太担心创业板指数，这个钝化的级别很大，大概率是会再次形成结构的，并且成功率会更高。

今年以来，市场整体上来讲是比较难做的，市场出现了两个特征。第一个是震荡，震荡基本上会伤害所有的趋势策略，我在 2016 年是有意识防震荡的，因为 2016 年是股灾恢复期我不认为有大行情，不认为有大行情就是震荡的概率大，2016 年绝大多数时间里侧重结构操作而弱化趋势操作，但震荡了一年之后，我是明确加强了单边意识的，即弱化结构操作而强化趋势操作，这一点在过去的 7 个月里，效果并不好。也就是说这个意识过早，但我知道，早一点比晚一点强，只不过单边行情没来，多数人不会知道这个意识提前布局的重要性。

第二个难做是分化，而且是大分化。一般的分化是一个强一个弱，比方说大盘股强、小盘股弱，或小盘股强、大盘股弱，但至少方向是相同的，而今年的分化是大盘股涨了 15%，小盘股跌了 15%，方向是相反的，幅度还大，这个就是大分化。我年初是有思考过这个问题的，我给出的建议几乎是贯穿今年以来的所有时间，这个建议看起来特别傻——均衡配置，即你别只买小盘股，你也别只买大盘股。

这个看似很傻的建议，其实里面也有很深的思考。因为**人的记忆遵循遗忘规律，你认为大盘股好或认为小盘股好，是因为你看到了大盘股好或小盘股好，当你看到了的时候，时间已经持续了很长时间，也就是在中后期，节奏做得好的，一半都是在初期，而多数人在理论上是做不到这一点，根本原因就是他相信眼睛看到的，即记忆的遗忘规律。我觉得极个别人可以做好节奏，但绝不要妄想大多数人能做好节奏，深入思考后，我认为均衡配置对于多数人来讲是最适用的**。

比方说上周，小盘股大涨的那一天前，我在学员区里听到了太多的要满仓低市盈率、满仓白马股等说法，但我非常坚持认为分化是一种常态，不会是大盘股持续涨、小盘股持续跌，我还是强烈建议均衡配置，并不建议卖出小盘股、买入大盘股的操作。然后小盘股大涨，请注意我并没有判断小盘股可以侧重去交易，上一次我是侧重做小盘超跌股的，这一次并没有侧重。很多超跌股的价格都低于上一次的价格了。上一次我们做完 24 个交易日超跌就没再建议侧重做小盘股和超跌股，不是因为价格更低，而是因为没有确切的低点。

后配图(2017073001)

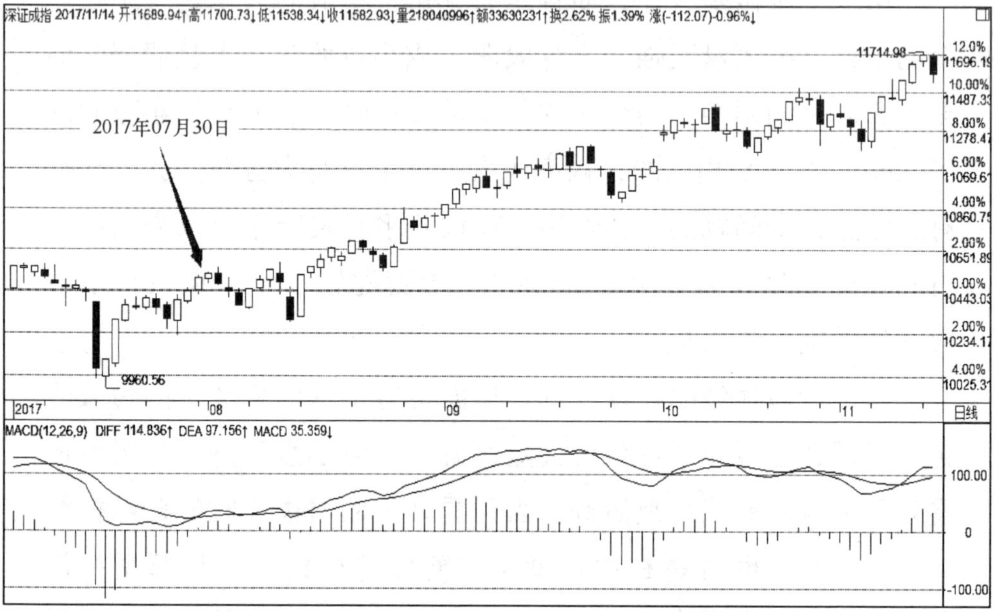

作者点评

至今我依旧认为大多数人是做不好节奏的，因为人性的恐惧与贪婪，因为眼睛的滞后性，因为人的记忆遵循遗忘规律。之前小盘股弱了很久，结果从这之后的几个月里，小盘股开始走强，你如果认为大盘股不行了，就应该卖大盘蓝筹白马等股票，那么接下来的几个月都会非常难受。

2017 年 08 月 13 日

不要追求完美

交易是真实的，所以它并不完美。我需要承认在早年，我的博客之所以迅速发展起来，跟我当年推出全新的思想——“数字化定量分析”有直接的关系，我发明的空间 123 求 4；单阳测顶、单阴测底；混沌一致性获利法的时间跨度研究；盘口的 5 分钟高低点即时判定，等等，量化的方法让人耳目一新，因为有些时候确实精准得让人“难忘”。

人到中年，我虽然依旧认为数字化定量分析这个方向是对的，但从侧重点的角度，我开始更侧重交易。这期间也有很多新的数字化定量分析的发明，比方说九转序列、星空雷达和定量结构等。上上周，我给了九转序列的低点，上周我又给了九转序列的高点，这些高低点都是精准的。“难忘”其实是记忆重复，因为大多数人都是定性分析，定量分析的本来就少，只要精准就会难忘。比方说我的断崖式下跌，会让很多人难忘，很多人追随我希望也做到精准。

我常担心和反思这会将很多人引入歧途。因为交易得越久，越认可交易并不是完美的，那些并不精准的甚至是相反的分析也很多，只不过人的记忆遵循遗忘规律，因为没有被重复所以大家记忆不深。虽然我依旧认为数字化定量分析能做到在分析上强于大多数人，但过于侧重分析而弱化交易，就算分析这关做得再好，交易这关如果做得差，最终的结果并不会让人满意。

这些年来，我开始更多寻求分析和交易的平衡。江恩早年的那些绚丽夺目的江恩时空、江恩角度线和轮中之轮到了中年也开始侧重于交易，注重交易规则也是这个道理，大家可以看江恩理论和晚期的《华尔街45年》，你会发现有这个方面的变化。

拿上周来讲，如果按分析来说，我给的时间是周四上午第一个小时，我在周三下午的明日操作策略里已经描述或形容得比较清楚了，但在交易上，我给的建议是，如果你想买入或止盈、止损后想加仓，是不可以的，因为可能会在这个位置筑高点。但如果你持有，并不建议你在这里卖出。**高点和确定性是两回事，有时候两者甚至是相反的，你追求更高，就会牺牲确定性，你追求确定性，就会牺牲价格和位置**。从交易来讲，牺牲确定性来换一个“它真精准”是不对的，因为牺牲确定性就代表了出错的概率更高。**大多数人顺境好做，逆境却难以纠错，这就是考虑了交易的人性部分**。

这个调整我依旧坚持并没有太大级别的调整，因为日线上没有大规模高点的任何特征，这里最应该是以一个平常心来对这个调整，股灾以来很多人都跌怕了，该买也不敢买了。你如果太乐观，上升途中的调整本来是正常的，你也觉得难以理解。保持平常心，保持对市场的关注，随时可能调整结束，随时继续做多。

作者点评

蜘蛛侠里有句话，叫做能力越大责任越大。

我靠数字化分析出名，数字化会有很多极为精确得判断，会精准得让人难忘，会有很多完美交易的追随者，他们并不一定是我的追随者，他们只是想追求什么样的方法才能够做到完美的交易。可是越是随着时间的积累，我越是认为交易并不是完美的，追求完美交易会误入歧途。

你追求完美就会牺牲确定性，你追求确定性就会牺牲完美。完美的交易会让人难忘，但确定性的交易才是真理。

2017 年 08 月 21 日

市场有自身规律和属性

今天是星期一，三个指数都是震荡盘上，市场之前曾经有第一段时间是害怕周一，因为周末管理层发 IPO 消息，从四五只开放到十只左右的时候，第一次出现了大跌，当时我还说，政策最怕的不是发 IPO，而是怕摇摆不定。下一周也是十只左右，市场反应就没那么强烈了，再下一周也是十只左右，市场基本没什么反应了。本周一市场直接高开，这在已经连续低开很长一段时间里，高开好像很少见了。

最终决定市场的不是消息面，当然会有影响，但只是暂时的、短暂的影响，无法改变规律和方向，包括上周的美股大跌也是一样，我们印象当中的那个跟跌不跟涨的大盘，结果也没有影响这段时间的升势。今天我说了这么多就是想说一件事，**市场有自身的规律，有自己的属性，并不轻易受外界改变**。

所以在交易上，不管边境是不是有冲突，美股是不是大跌，朝鲜是不是紧张，要以市场为主才对，价格会包容一切。在趋势线之上，不论有多么多的利空因素，该做多要勇敢做多，我上周和上上周一直鼓励大家要勇敢一点，就是这个意思。我不知道什么时候是最好的时候，也许是未来，也许就是现在。最近的这些天个股非常活跃而且市场明显偏暖，难得市值增加的好时候。

深成指在本周的上半周很难有顶部结构了，趋势目前也完好。仓位上短期来看，看不出有太大的风险，本周的下半周我们再看，我认为大概率目前下半周也是偏暖的，当然我们仍要提防突然加速。

突然加速日线上会出单日大阳线和单日大阴线，起到的效果完全不同，单日大阴线可能会导致趋势的破位，目前还没有远离趋势，没有结构并不代表不会下跌，但交易要讲规则的。如果莫名其妙地来个单日大阴线，我们也只能尊重市场，主要观察的是趋势会不会破。单日大阳线如果在近期出现，你要提防市场开始进入到快车道，下车的不容易再让你上来。现在还没有加速行情的出现，大家可以提前想一想，并且想一下应对方案。

我认为近期会有一天是呈加速状态的。

作者点评

我们曾经学过外因和内因，外因改变现象，内因改变规律。市场是有自己的规律和属性的（内因），并不会轻易地受外界改变（外因）。

2017 年 08 月 27 日

明显加速

上周初我说行情在这个位置，相对比较敏感的位置，比较容易加速，因为已经**屡次冲 3300 点未果了，如果真的不想上，又何必多次呢？**而且保持在高位窄幅运行，窄幅运行必然不会持续，我说憋着准备放大招呢，周五呈明显加速。

当然我们还会看到另一种感觉，感觉只是上证指数上涨了，三大指数的深成指和创业板指数并没有怎么涨，可是大家如果注意细节的话会发现，代表大多数个股的指数盘口——黄色线，是非常强的。上证指数黄色线没有白色线强，涨幅在 1.5%左右，深成指黄色线要比白色线强涨幅也是 1.5%左右，创业板指数黄色线则在 2%左右。也就是说周五还真不是只涨指数不涨钱，周五就是名副其实的加速。

这个市场唯一不变的就是变化。我曾说，别觉得大盘走势犹豫不决，时间终将改变这一切。加速了之后，本周应该注意哪些新的变化呢？

1. 首当其冲的自然是上证日线的顶部结构是否形成，当我在学员区里建立了仓位的标准以后，我其实并不太为行情担心了，因为我知道这个标准的缺点和优点。严格执行标准，大的上涨甩不掉你，大的下跌也套不住你。前阶段下跌破趋势我们照卖，可是趋势回来我们满仓买来。现在最难的是轻仓甚至空仓的，你如果是这样的，你几乎现在不敢做多。因为你怕错上加错。涨的时候你仓位轻，如果你加仓了跌了，那种挫败感会很强烈。所以上证指数顶部结构是否形成就很重要了，我判断周一 80%的概率上证出日线钝化，大家要观察是不是继续加速，如果继续加速，钝化可能没用，快速上升杀死一切结构。

2. 时至今日我依旧没有发现有大盘向小盘或小盘向大盘的方向倾向性。也就是说，上次做完超跌股之后，一直建议大盘、小盘股综合配置，如果上证日线顶部结构形成，可能会有大小的倾向性出来，但目前请不要提前给市场下结论。因为钝化并不一定形成结构，也可能会导致钝化消失。很多人心里就是不喜欢大盘股，这一段时间我都努力说服学员**不要有倾向性，我常讲存在既有道理，嗯，存在既有道理这是很有深意的一句话，市场会证明其合理性**。你只有在依据比较足的情况下，才能进行大小盘的倾斜，目前这种依据并不足。创业板新低的时候我曾准备倾向小盘股，但有低位没买点(尖底没结构)最终导致放弃，这里的上证如果日线出结构可能也会有一定的倾斜，前提必须是上证日线形成顶部结构。

作者点评

本篇文章讲到了一个细节，如果市场多次冲击一个位置，那么这个位置大概率是会被突破过去的；反过来，如果反复跌到某一个位置，这个位置可能会被破位的概率比较大。

2017 年 08 月 31 日

轻指数重个股

今天是 8 月的最后一天，8 月就这么收官了，月线三大指数都是阳线，创业板指数是最近 16 个月的最大阳线。单说这个月数据说明市场是普涨的，但小盘股要更优。可是指数一个月也没有涨很多，上证和深成月涨幅不到 3%，创业板算强的，16 个月内的最强也才 6.5%左右。对比一下自己手中个股的涨幅，这个月跑没跑赢大盘呢？

交易并不是像上述统计那么简单，拿深成指来讲，这波行情经历了 7 月 17 日和 8 月 11 日两次大跌，两次尖底反转，对于没有规则的人在盘中是巨大的考验。我记得当年在 4335 点的时候，5 月 30 日半夜出重大利空，之后我曾经说过这样一句话，过 4335 点创新高是要尊重市场的，不论什么原因，也不要管什么政策顶，**当时犹豫的人，就是未来买单的人**。因为 4335 点你不敢买，4500 点也不会敢买，到 5000 点了就不愿意买了，5500 点开始怀疑人生了，6000 点就受不买进去了。你想想这个逻辑，有点意思的吧。

这里也是一样，破趋势也罢筑尖底也罢，符合买回来的标准要坚决买回来，整体而言这里还是低位，当然 8 月这个月是今年过去的时间里个股非常好做的一个月，我之所以说在过去的时间里，就是不确定后面会不会更好做哦。可是有一点，就是当即必须立断，不要犹豫或摇摆不定，有规则就好，它会给你一个相对客观的标准。

没有标准的人，尤其是仓位又比较轻的人，现在就很难办。指数摇摇欲坠又不坠，大盘不怎么涨，个股却又非常活跃。像今天，黄色线比白色线普遍高出 1.2 左右，涨跌家数没那么明显，也就是说有部分个股异常活跃，它们的表现强于平均值。我倒觉得这种行情不错，大盘嘛，就**确保没有太大的系统性风险就行了，放开手脚做个股吧**。

后配图(2017083101)

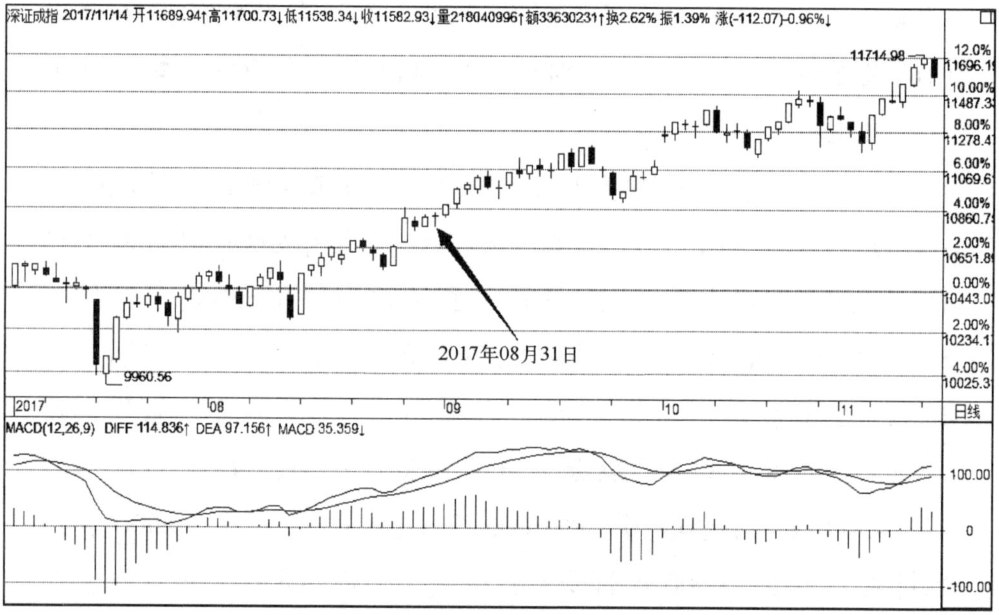

作者点评

行情开始进入到 2017 年最"幸福"的个股行情阶段，就是不怎么涨大盘但涨个股，账户增值十分明显。

2017 年 09 月 03 日

钝化消失

就上周而言，最重要的当然是顶部钝化消失，上证指数日线的顶部钝化消失，深成指则是较大分钟周期的顶部结构消失。

我们先说上证指数，上证指数日线顶部钝化消失了，则代表在未来的半个月左右的时间里，很难再次形成日线的带结构的高点，也就是说假设分钟线上有顶部结构，也不是大规模的级别较大的调整，至少在已知的条件下没有较大的调整风险。

再说深成指，深成指日线本来这一波就没有顶部钝化，有的只是在 120 分钟、90 分钟和 60 分钟，120 分钟和 90 分钟钝化已经消失，60 分钟是先消失然后再次形成钝化，在 60 分钟以上级别的周期没有钝化，60 分种级别的可操作性并不是特别大，尤其是现在价格已经远离了趋势，也没有较大的调整风险。

结构不是能够单独成交易体系的，我常说的交易原则是“趋势为王、结构修边”，趋势才是核心，结构是为了服务于趋势的。也就是说如果结构的形成不能带领或改变趋势，结构的意义就不大。所以当日线的价格开始远离趋势的时候，小一些的分时周期就越来越难改变趋势。比方说 60 分钟通常是对应 6 天的调整，如果价格距离趋势比较近，跌穿是大概率就可以选择左侧逢高先卖，以避免趋势破位再卖中间的价格受损，当然这里还有心理因素导致的交易执行力问题。如果价格远离趋势，6 天跌穿趋势的难度就加大，假如不跌穿趋势，即便有 6 天的调整也不应该进行仓位的改变。

就上周的情况来说，本周的上半周预计保持现有的操作策略不变，仓位较重趋势不破的情况下，不研究仓位，只研究选股，千万别觉得大盘好无聊，结构没有、趋势完好，因为就大盘而言，所有趋势策略都是低成功率的，但你在方法论上应该了解，有时候不得不选择这种低成功率的趋势策略，以防御系统性风险。**不要觉得大跌才是系统性风险，大涨空仓或轻仓的，依旧是系统性风险，也可以称之为系统性错误。从这个角度，仓位不用频繁调整是一种幸福**。

本周的下半周，预计会有分钟线的结构变化，这个原理是每次顶部结构的钝化消失说明速度都快于上一波，那么下一波速度更快的概率就会降低。当然这个事嘛，我觉得现在也不必多说，届时还要看当时的速度、市场的分化情况等，到时候再说也来得及。

关注我的微信公众号吧，搜索：投资明道。

作者点评

结构消失可能还会有新的钝化，但钝化消失短期是不会有新的钝化；钝化是结构形成的必经之路，有了钝化不一定形成结构，没有钝化则一定不会形成结构。

这段时期被学员区称之为最幸福的时期，每天都不用研究仓位，大盘也稳定，只研究选股，个股表现还特别活跃，每天都有惊喜。

2017 年 09 月 05 日

不要有真空期

在最近的一个月时间里，我一直在强调一个事情，就是不要有仓位的真空期，即如果个股卖掉，不论是止盈还是止损或是其他什么原因，应该马上买入，这样其实才能做到资金使用的最大效率。有时候很多人并不注重这一点，总觉得卖出之后得找一个好的低点再买，这一个月以来你发现市场天天涨，你犹豫的时候，就是效率值比较低的时候。这还不是重点，重点是**现在犹豫的人，可能是未来买单的人**。

你可以思考一下这个情况，一只股票从 10 元涨到 12 元，你可能观望，10 元涨到 15 元你可能羡慕，10 元涨到 20 元，你可能骂谁买谁 SB，10 元涨到 50 元，你可能觉得不可思议，10 元涨到 100 元，你就疯了觉得是好股票。大盘也是同样的原理。

今天大盘继续冲高，日线出现了序列 7，出 9 目前是大概率，如果明天和后天收盘价格不低于 10880，后天日线就会出序列 9。但今天我仔细看了一下分钟线，60 分钟以上周期在后天是很难出现顶部钝化的，因为还差两天，我还不能把这个事说得过于肯定，毕竟这是个充满神奇的 A 股市场。

交易上我依旧维持近一个月来的建议，不要有真空期，有些时候要把资金效率用到最高，未来当然会有调整甚至是下跌，但应该采取的策略是对应性的调整，快速上涨本来就应该偏右侧交易，即来了再说。

作者点评

大盘稳定在短期趋势和长期趋势之上，又没有大周期结构，这是做交易最好的阶段。而交易的过程中肯定有个股或止盈或止损，有很多人止盈或止损之后，选择等着价格回落或观望一段时间，这段时间的观望期就是真空期，资金的效率会降低，等待价格回落的效果可能低于资金效率。所以那个阶段我一直提醒，要注重资金的效率，尽量不要有真空期。

逢高卖出产生的真空期越长，在上升趋势里的风险可能就越大。因为你越是不甘心在更高的位置上买回，越是犹豫；越是犹豫，越是有可能成为牛市末期逼空的主要对象，成为最后的买单者。

2017 年 09 月 10 日

没有确定性的高点不如不操作

交易，有时候就像破案，看你收集的信息和线索有多少，哪些是起到决定性的，能否推出逻辑和结果。比方说上周，上周最重要的是深成指出日线的九转序列高 9，九转序列是研究转折的，序列还是择时策略，有时间的预示作用。在上周的周初，我们就知道在周四会出高 9，这是一条线索。

日线的上一次上升涨了 40 个交易日，然后这波上升到上周三涨了 37 个交易日，周四是 38，下周一是 40，这也是一条线索。但这两个线索的性质是一样的，就是找日线级别的转折点。我们先知道这个地方相对比较敏感，这两条线索在这个期间是很重要的，因为它们重叠在一起了，也就是大周期很长时间没有遇到敏感的线索了。

我们还要结合小周期，小周期的高点很多，大家随便看指数的 30 分钟、15 分钟线，在这个日线 30 多天的上升里有很多小周期的高点，当然也都只是小周期的高点，无法引发大周期的转折。大周期敏感的时候，如果小周期也是高点，引发转折的概率就比较大，所以盯着小周期也是一条线索。

就上周而言，**小周期并没有形成确定性的高点，也就是说我并没有找到确定性的高点**。这其实很重要，虽然日线有 9，但结构上并没有大周期结构，趋势也非常完好。即便出现调整，也是一个比较小级别的调整，如果是大级别的调整，空间比较大，你找不找高点都没什么问题，如果是小级别的调整，**找不到高点不如不做。因为空间小的情况下操作要细腻，操作不够细腻，成功率就低，将来纠错难度就大**。

三尺讲坛三寸舌三千桃李，十年树木十载风十万栋梁。今天是教师节，祝所有的老师教师节快乐！

作者点评

做多则错多，错多则纠错多。纠错对于很多执行力不够的投资者来讲是一件特别难的事，这是大多数人逃不掉的人性必然结果。所以考虑到大多数人的承受力和执行力，以及人性的弱点，要尽量降低纠错，降低纠错有两个方式：首先降低操作可以降低纠错；其次是找确定性比较好的点位提高成功率。如果没有确定性，尽量保持原有的操作模式，不操作也是一种策略。

2017 年 10 月 22 日

加减仓的标准

今天我们谈谈关于加减仓的标准。

关于仓位我有一个整体的原则性的思想，叫做趋势为王、结构修边。其核心是趋势，所以叫做趋势为王，我所有的标准的建立都经历过严格的数学统计和评测。比方说“趋势为王”这四个字，我为了解决趋势的规则定量问题，做了大量的历史回测，事实证明在过去的 27 年股市历史里，按照趋势策略的历史测试结果是能赚钱的，因为这个我才建立趋势为王的核心思想。

从测试结果来看，趋势为王这一句话就足够了，但为什么后面还有结构修边呢？因为趋势虽然是十分靠谱的，但其成功率是很低的，给大家看几个数据，如果严格按照标准执行，突破趋势就满仓，破位趋势就空仓，上证指数历史 27 年的测试可以交易 144 次，其中 99 次是亏的，45 次是赚的。但为什么还能赚钱，因为按照趋势策略严格操作，几乎能把所有的大行情全做到，不会有一次“原则性错误”，原则性错误就是大涨你踏空了，大跌你套牢了。

趋势就是用严格的交易规则和稳定的发挥来解决人性的不确定性，在博弈中胜出。

可是趋势的成功率比较低，有时候还会连续出错，虽然每次都亏损不多，但做一个正常的投资者，在连续的趋势错误的时候，一个正常的反应就是不再遵守趋势了。这也就是这么多年这么多人谈趋势，但真正能做到尊重趋势的又有几人？所以人性是必须考虑的，因为我深度思考过趋势，趋势到底能不能增加一些成功率，让人们接受和操作起来不那么不舒服。但很遗憾，我思考过的结果是，不能。

这就是趋势。

我们同样必须深度思考人性，趋势因为是提倡右侧交易，右侧交易最大的问题是为了大方向而不修边幅，过于粗犷。趋势没有大的亏损，亏损不大但亏损的次数多了，对实际应用的人就会产生心理影响，从而放弃趋势。震荡行情里，趋势突破买入就是高点，破位卖出就是低点，震荡多久就会错多久，错的次数多了，就会放弃趋势，放弃趋势就是丢趋势，丢趋势前面的亏损就白亏了。而坚持趋势，小额多次的小亏你就能理解为交易成本，你要想应用趋势，成本是必须承担的。这个股市里，没有不承担成本只承担收益的东西，好好想想对不对。

那么我们能不能在右侧的粗犷的不修边幅的趋势里，找一些能够帮助趋势的偏左侧交易的方法呢？经过多年实践，最终我确定为结构，结构的成功率较高，最重要的是，除了成功率高以外，还能考虑位置，结构的位置优势要比趋势强很多。

比方说这里，拿深成指来说，结构形成是在周一上午，最高点11422点那天，而趋势如果破位呢，要低于11080点，整整差了近350点。这不只是350点的问题，因为大多数人是喜欢高点卖出，而不是跌了卖出，喜欢低点买入而不是涨了再买。这就是为什么市场上**左侧交易和右侧交易谁更好的争论从来没有停止过**。

我们这一波做得是比较好的，按趋势一路满仓持股，到高位按结构（目前的）最高点那天减的仓，就是因为有这个整体思想——趋势为王、结构修边的思想指导。

那么同样按照这个思想，后续的加减仓应该怎么做呢？

1. 加仓。逢低加仓，形成60分钟或30分钟的底部结构，关于为什么跟顶部不是对称的级别，我解释过，今天这里不展开讨论。创新高加仓，如果底部有结构还好，要是没有结构呢？怎么买，难道不买回来了吗？如果逢低买但没买进来，也有要买回来的标准。这里的标准是创收盘价格新高，也就是说基本不用担心市场任何形式的重新走好而买不回来的。

2. 减仓。既然整体原则是趋势为王、结构修边，也就代表了趋势和结构的重要性并不是等齐的。结构你做好或做不好都没太大的影响，只是修修边，趋势你则完全不能违背。也就是说未来跌穿趋势，不要找任何借口，没减仓的还是要减仓。按结构已经减了的，**只有跌穿趋势的时候，你的结构操作才证明是对的**。

道理也许谁都懂，难点在于量化标准的设立和严格的执行。否则就会变成那句话，听过那么多道理却依然过不好这一生。

作者点评

趋势是右侧交易，空间、时间、结构是左侧交易，左侧交易和右侧交易的争论从没有停止过，其实是各有优劣，并不是很多人所说的左侧交易是业余选手，右侧交易是专业选手。

但结构是辅助和服务于趋势的，结构不能导致突破趋势或破位趋势，结构的意义就不大，很多学员用惯了结构，因为确实比趋势成功率高，位置又好，可别忘了结构的目的和意义。

2017 年 11 月 14 日

关键在明天

今天两市出现了调整，上证指数和创业板指数跌幅略高于 0.5%，深成指跌幅接近 1%，涨跌家数比为 1∶2.5 左右。盘中有一定的恐慌性，为什么，因为大家对这个位置有一定的恐高，**我认为涨了或跌了并不是问题的核心和关键，关键是它有没有到达操作的标准**。

先说标准的核心是趋势为王、结构修边，趋势目前完好，长短期趋势都完好，结构前一段时间有各个周期的顶部结构，但这一次随着上涨速度的不断加快，顶部钝化在陆续消失。拿昨天的收盘来讲，30 分钟顶部钝化已经消失，60 分钟顶部钝化已经消失，90 分钟顶部钝化已经消失，120 分钟顶部钝化昨天收盘也已经消失，日线上证指数钝化消失，今天实际上就是观察一件事，深成指日线钝化会不会消失。

深成指日线早盘钝化一度消失，后来盘口出现的快速下跌，又恢复到钝化状态，下午下跌比较剧烈的时候，钝化不仅没有消失，还曾出现过日线顶部结构形成，到尾盘又恢复到钝化状态，即没形成也没有消失。在量化数据上来讲，今天跟昨天没有任何区别，日线以下级别都消失了，日线没有消失也没有形成结构，盘中的表现只能代表盘中的争夺相对比较强烈，仅此而已。

关键是明天，明天是非常关键的一天。要么形成结构，要么结构消失。明天大概率会有操作上的动作，请大家重点关注明天。

作者点评

我会判断结构大概率形成的时间，常看我写每日操作策略的人会知道，我经常会这样做，就是提示未来会发生什么，我们应该怎样对应。这样做的目的是给大家留出一定的准备时间，属于预备阶段。

关键是明天，明天是关键。其实这是一个意思，无非就是提示大家重要性。

2017年11月15日

日线顶部结构形成

昨天说今天的行情比较关键，因为今天是走出结果的日子，昨天、前天、上周都不是结果，只是过程。

我常说的趋势为王、结构修边，结构有一个量化的标准，如果价格创新高趋势类指标 MACD 不创新高，就会出现钝化，在钝化的状态下，DIF 一转折就形成结构，DIF 如果创新高钝化就消失。这是结构的量化标准，钝化如果消失短期内不会再形成结构的，可是昨天并不能看出来是消失还是结构形成，甚至没有倾向性。

昨天的收盘价，DIF 值就比较微妙，如果今天的阴线反过来，同等幅度的阳线，那么日线的钝化就会消失，而不是结构形成。消失和形成的操作方向刚好是完全相反的，如果钝化消失了，短期内就不会有日线结构，你只能按趋势，趋势完好无损(到今天收盘现在趋势也是完好无损)你就需要加仓甚至满仓；如果结构形成呢，日线这么大级别的顶部结构，就要减仓，主动性防御风险。**所以昨天是断然不能提前下结论的，昨天我没给任何结论，就是要等今天市场走出来。结论就在今天，昨天明确描述今天很重要，今天也确实明确地形成结论：日线的顶部结构已经形成**。

日线的顶部结构已经形成，这已经成为事实，出于对市场的尊重，我是建议减仓的，但调整的性质依旧认为是上升途中的调整，不要远离市场，随时准备加回来。大方向还是看多的，所有卖的目的都是为了更好的买。有人说，不以买入为目的的卖出，都是耍流氓。至少这一波，我认为是应该卖出的，主动性防守。

后配图(2017111501)

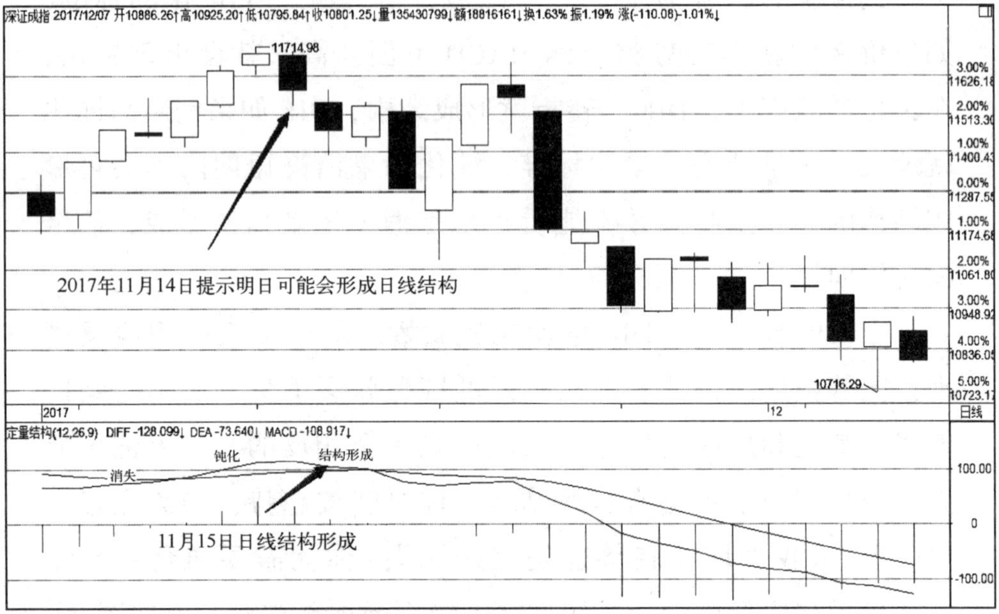

作者点评

日线顶部结构形成，当时也没有想到过直到2018年底这里都是深成指的最高点。

2017年11月26日

小4浪和大4浪

行情的走势总是能够影响人们对市场的看法，涨的时候热情高涨，没有风险意识，跌的时候又反过来，觉得非常悲观。今天我们谈谈关于这波调整大概什么时候结束，我想大家对这个应该感兴趣吧。

我一直以来的观点，这里并不是下跌，在定性上我认为这是上升途中调整的概率比较大，至今未变。但我希望大家能够更理性客观地看待现在的调整，不要受行情下跌影响正常的判断，耐心一点静下心来看看行情，想想我说的有没有道理。

这个调整之前我判断 12 个交易日左右的调整，后来指数屡创新高，上涨交易日从这一波的起点(7 月下旬)已经 80 个交易日了。因为上升的周期进一步加长了，对应的调整周期也要对应性加大，所以我认为会超过 12 个交易日，调整到上周五是经历了 9 个交易日，从时间上推论，本周三收盘之前还是需要以观望为主的(如果有变化我会在盘中同步直播里第一时间提示，目前看大概率是观望的)。周三之后，请看最新的操作策略，这里需要跟踪分析。

说到 80 个交易日的上升，浪形上来看那是 3 浪上升(5 月份为起点)，如果没有 7 月的 2 浪调整，就不会有之后的 80 个交易日的 3 浪上升。所以这里按 **5 月份为起点的上升可以看做是 4 浪调整，我称之为小 4 浪，如图右上角深黑箭头标注。如果按 1 月 17 日为起点的上升也可以看做是 4 浪调整，我称之为大 4 浪，如图右上角浅黑箭头标注**。

假如是小 4 浪，空间和时间主要风险期应该至少释放了许多，甚至大半了。如果是走大 4 浪，空间和时间还差很多。目前不知道走哪种，所以小心观望是对的，而且各分钟周期刚刚出现钝化消失，再出结构周三之前是很难的。有两件事大家要注意一下，首先，即便是大 4 浪回调，也会先经历小 4 浪的范围，可以通过分钟线的结构判断是否小 4 浪低点成立，有小 4 浪先做小 4 浪低点，暂时不要多考虑其他。小 4 浪如果不对，自然就是大 4 浪了，可是如果你事先主观判断就认为这里走大 4 浪，一旦走完小 4 走小 5，和你预期的走势会截然相反，一个向上一个向下，你会变得很被动。

其次，不管是小 4 浪还是大 4 浪，都是 4 的范畴，代表了后面还有 5 浪，是 5 浪就会再创新高的。所以这里一直都是判断为上升途中的调整，主要的目标和方向就是把股票以更好的价格买回来。

原配图（2017112601）

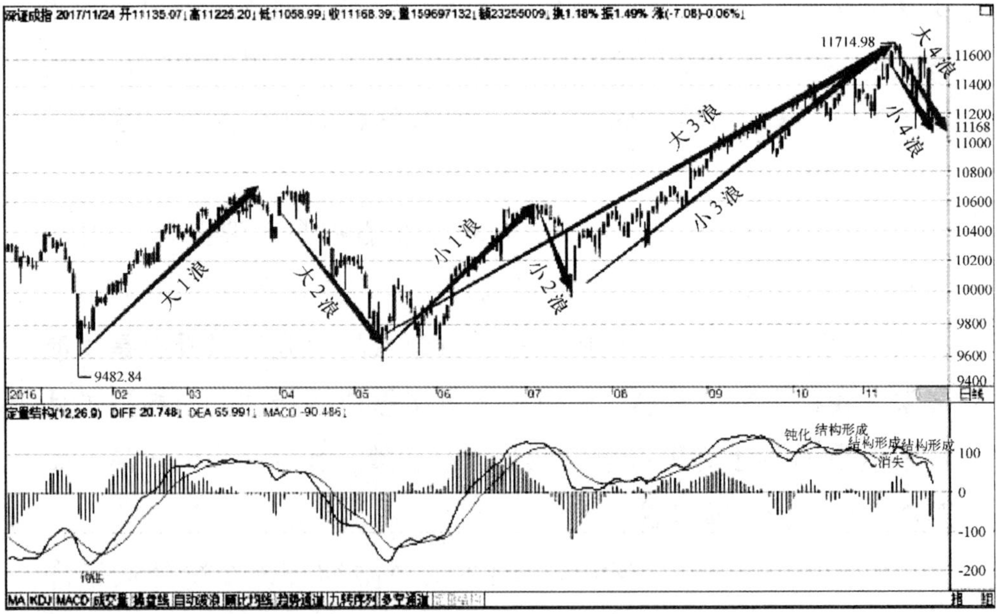

作者点评

小 4 浪就是 2017 年 5 月份为起点的 4 浪回调，大 4 浪就是 2017 年 1 月份为起点的 4 浪回调。

2017 年 12 月 05 日

明天大概率重新入场看多做多

明天周三 12 月 6 日，将是很重要的一天。这一波调整我们下跌前主动性防守，从满仓降到了近半仓，当时我也说了要防一个超过 12 个交易日具有一定杀伤力的下跌，明天则有可能结束这个调整，也就是说有很大的概率再重新大幅加仓入场看多做多。理由如下：

1. 浪形。我曾经描述过两个 4 浪调整的可能性，一个是 5 月为起点的 3 浪上升之后的小 4 浪，另一个是 1 月份为起点的大 4 浪。5 月份为起点，上升周期到 3 浪终点一共消耗了 126 个日 K 线，根据一致性获利法的时间跨度研究，**参数调整为(10，71，10)，下穿零轴的时候如果是小 4 浪就会结束，而今天收盘才下穿零轴。也就是说，如果是 5 月份为起点的 4 浪调整，今天跌完就结束了**；如果不结束，说明浪形判断不是 5 月份为起点的，但我们还是先要看这里结束的，将来再说将来的。

2. 时间。下跌以来我本来是防 12 个交易日以上的调整，到今天已经 16 个交易日了，时间够了。

3. 空间。空间不考虑个股分化的情况下，也已经足够了，4 浪已经远大于 7 月中旬的那波 2 浪下跌，如果考虑个股的分化情况，个股的调整空间更是足够的了。

4. 结构。60 分钟线明天上午的第一个小时 10:30 可能会形成底部钝化，这也是这波下跌以来的首个底部钝化，钝化形成之后，就要随时注意底部结构的形成。60 分钟底部结构一旦形成，就有一定的概率结束整个本轮的调整。

明天开始有很大的概率重新入场看多做多。

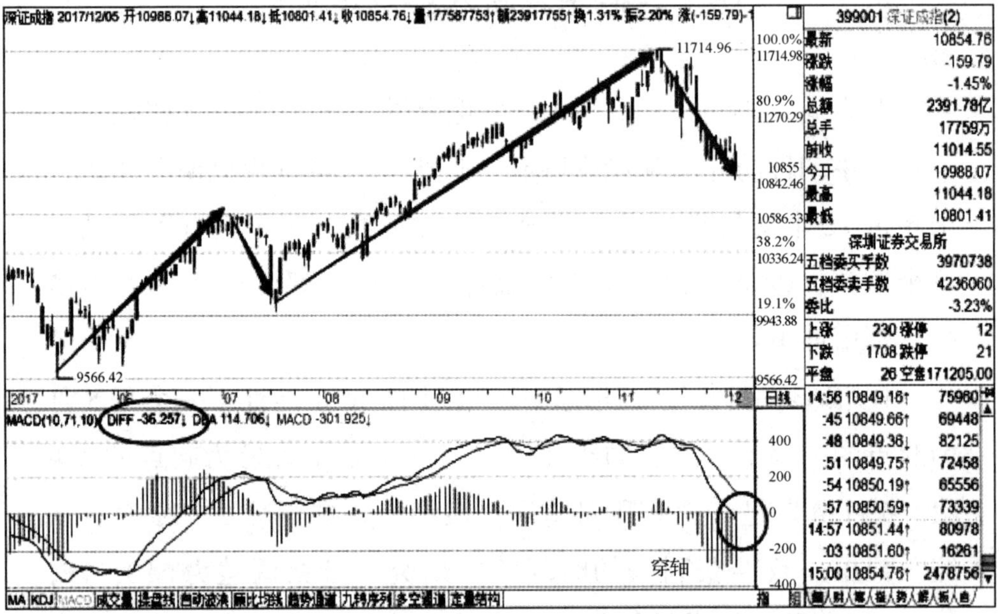

作者点评

一致性获利法的时间跨度研究，参数调整为(10，71，10)，当 DIF 值下穿零轴的时候，4 浪结束。这是 5 月份为起点的 4 浪结束，之后的上升判断为 5 浪上升。一致性获利法对于量化 4 浪结束有很独特的作用，我经常用到这个方法。

2017 年 12 月 06

买回看多做多

如果你看了我昨天写的关于今天的《周三操作策略》，当今天走完之后，你应该给我点个赞吧。**我的文章不玩标题党，内容有时候也会觉得比较平淡，但是在关键的时候，绝不含糊**。有推理的过程、判断的依据和结论，而且大多是在说未来，我昨天给出了四大原因支持今天看多做多。这一波调整以来，我第一次认为应该去看多做多，当然也许这里不一定就筑底了，但这是我能看出来的调整以来的首次重要低点。

这一波下跌在下跌之初，我对行情有过一个大概的描述，首先调整时间定在 12 个交易日以上，截止到今天已经调整了 17 个交易日，即便这里不是最低点，但每消耗一个下跌周期，就会离最低点更近一步。而且从时间上我昨天就明确表达了，主跌时期已经过去了，调整的空间会跟7月中旬的空间相仿，而事实上空间是超过了预期的，个股的空间更是超过预期，所以昨天说空间依旧足够。

从今天开始，机会就开始明显大于风险了。这一波如果你防过去了，未来是光明的。想到这波我们主动性防守，到今天的买回，这一路的坚持，我今天在学员区说的最后一句话是，我们终究做到了——知行合一。

原配图(2017120501)

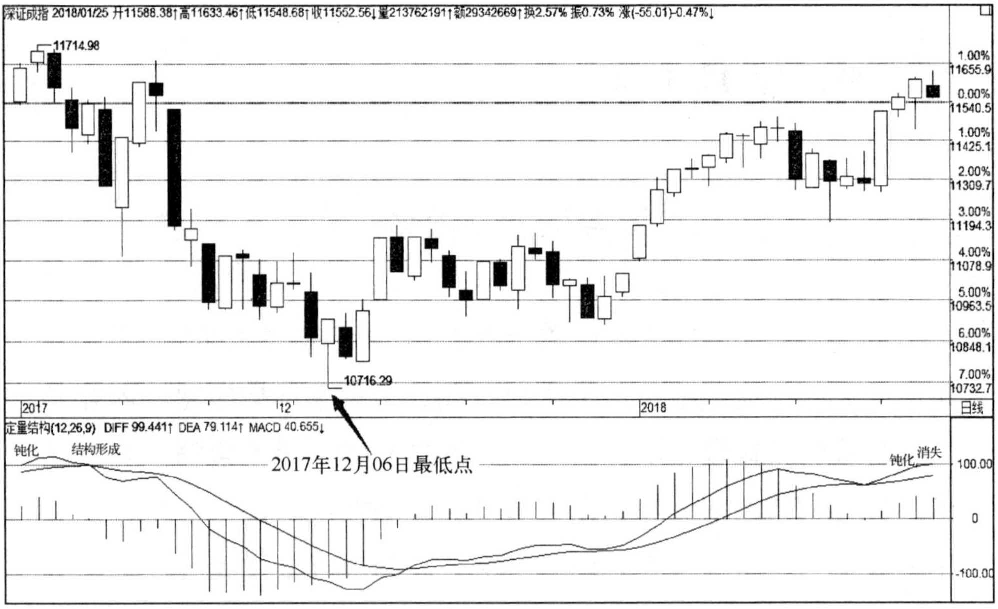

作者点评

一致性获利法找到了这一波4浪调整的最低点。

我们满仓抄到了这个4浪的最低点，然后行情开启了5浪上升，在5浪上升的过程中，我们一路满仓到2018年的1月25日。

当时 5 浪上升运行了 33 个交易日，并且在 90 分钟线上呈现除了完美的 5 个子浪上升结构，浪形走完了完整的 5 浪，90 分钟又出现顶部结构，我们又于 2018 年的 1 月 25 日进行了卖出。

那一次卖出本来是判断有 9 到 12 天左右的 ABC 调整，结果 2018 年 1 月 25 日卖出之后出现超大幅的下跌，也启动了 2018 年惨烈下跌。由于这本书写的是十年，到 2017 年底刚好是一个完整的十年，所以这一篇文章也是最后一篇了，谢谢大家。

跋

这套书记录了从 2007 年到 2017 年十年里我对市场理解的点点滴滴，也见证了中国股市十年里的跌宕起伏，有些事至今仍记忆犹新。

在这十年里，我十分清楚地知道自己在坚持着什么，我并不知道这种坚持是否会影响或改变一些人。但当我走过这十年，整理和回忆起这十年的历程，我很高兴经过了十年时间的变化，现在坚持的和我当初坚持的依旧是相同的。不同的是经过十年时间的沉淀，现在的我更成熟、更稳重一些。

我始终保持了深入思考的能力，有一些虽然当时无法理解的事情，现在我能理解了。也有一些现在无法理解的事情，也许再过一个十年或者更远我会理解。用时间记录这些我对这个世界的理解，以及思考它们和交易之间的关系，希望能够帮助到一些在这个领域探索的朋友们。